Isolde Meinhard

Gottes Umerzählung für die Geschichte dieser Welt

Isolde Meinhard

Gottes Umerzählung für die Geschichte dieser Welt

Predigen zwischen biblischem Text und zeitgenössischer Erzählung

Fromm Verlag

Impressum/Imprint (nur für Deutschland/ only for Germany)
Bibliografische Information der Deutschen Nationalbibliothek: Die Deutsche Nationalbibliothek verzeichnet diese Publikation in der Deutschen Nationalbibliografie; detaillierte bibliografische Daten sind im Internet über http://dnb.d-nb.de abrufbar.

Coverbild: www.ingimage.com

Contact:
International Book Market Service Ltd., 17 Rue Meldrum, Beau Bassin, 1713-01 Mauritius
Website: www.bookmarketservice.com
Email: info@bookmarketservice.com

Gedruckt in: USA, UK, Deutschland. Dieses Buch wurde nicht in Mauritius produziert.

Imprint (only for USA, GB)
Bibliographic information published by the Deutsche Nationalbibliothek: The Deutsche Nationalbibliothek lists this publication in the Deutsche Nationalbibliografie; detailed bibliographic data are available in the Internet at http://dnb.d-nb.de.

Cover image: www.ingimage.com

Contact:
International Book Market Service Ltd., 17 Rue Meldrum, Beau Bassin, 1713-01 Mauritius
Website: www.bookmarketservice.com
Email: info@bookmarketservice.com

Printed in: U.S.A., U.K., Germany. This book was not produced in Mauritius.

ISBN: 978-3-8416-0149-0

Inhaltsverzeichnis

Einleitung

Die Predigten in diesem Band tragen Beispiele zum weiten Feld erzählenden Predigens bei. Mit ein paar Vorbemerkungen bestimme ich ihren Ort näherhin.

Biblische Texte sind selbst Literatur. Entgegen manchmal anders lautenden Einschätzungen ist das über die letzten 50 Jahre für alle Gattungen erarbeitet worden. Sie sind Konzentrate, die eine bestimmte Glaubenserfahrung über Generationen verdichtet haben. Viele erzählen und sind als Erzählungen selber stark. Wer predigt, kann die Beziehungen, Spannungen und überraschenden Lösungen durch Entfalten in die Gegenwart übersetzen. Das ist möglich, und ich freue mich immer, wenn es gelingt, ohne dass die Entfaltung in der „Sprache Kanaans" stecken bleibt.[1] Andere Texte sind Bekenntnisse, Weisheiten, Ermahnungen und brauchen einen Kontext, eine jeweils zeitgenössische Situation, in der sie sprechend werden. Wer predigt, kann einen Alltagsbezug herstellen. Das ist möglich, und ich freue mich immer, wenn es gelingt, ohne dass die Kontextualisierung in Banalität versickert.

Ich stelle in diesem Band literarische oder in Film umgesetzte Erzählungen aus unserer Zeit neben die biblischen Texte. Damit betone ich den ästhetischen Aspekt der Predigt.[2] Ich rechne damit, dass Zuhören als eigener, produktiver Prozess geschieht. Das Predigtgeschehen kommt zu einem vorläufigen Ende in dem, was die Zuhörenden bei sich erfassen und verfassen und was gegebenenfalls wieder ein eigener Text sein könnte. Wilfried Engemann hat dafür den Begriff „Auredit" geprägt. [3] Erzählen fordert die Zuhörenden in besonderem Maße zum Mitwirken heraus. Ich meine, dass das engagierte Zuhören bei Predigten sich deswegen lohnt, weil sie auf solche Weise dazu anstiften, Gottes Wirken in der Welt selbst zu erahnen.

Man darf sich allerdings nicht darüber hinwegtäuschen, dass eine Erzählung ein Verständnis vorgibt, ja, eine bestimmte Weltsicht erschafft. [4] Ein Zuhören, das sich von der möglichen ideologischen Gängelung durch eine Erzählung befreit, ist deswegen selbst kreativ. Gefördert werden kann der kreative Umgang mit einem Text durch seine bewusste Kontextualisierung. Unterschiedliche benachbarte Textwelten lassen verschiedene Züge in einer Erzählung aufscheinen, gegebenenfalls auch solche zwischen den Zeilen, an den Rändern, solche, die ausgeschlossen hätten werden sollen.

---

[1] Dazu z.B. die erzählenden Predigten von Friedrich Gölz, Gehören die Christen auch zu Gottes Volk?, Stuttgart 1996 oder Reiner Strunk, Feste des Friedens. Erzählungen zu den christlichen Festzeiten, Stuttgart 1983

[2] Für eine Wertschätzung der Ästhetik in der Theologie und ihren Anwendungsgebieten hat A. Grözinger geworben, vor allem mit: Praktische Theologie und Ästhetik, München 1978

[3] Wilfried Engemann, Semiotische Homiletik, Tübingen / Basel 1993, S.91

[4] Die Konstruktion von Weltdeutung in (biblischen) Erzählungen hat Mieke Bal herausgearbeitet. Vgl. Mieke Bal, Femmes imaginaires, Paris / Utrecht 1986 und dies., Murder and Difference, Indianapolis 1988; für die Einführung der Erzähltheorie Bals in die Homiletik vgl. I. Meinhard, Ideologie und Imagination im Predigtprozess. Zur homiletischen Rezeption der kritischen Narratologie, Leipzig 2003

Aber Christus lässt bekanntlich an den Hecken und Zäunen einladen, hält Mahl mit Sündern und Zöllnern. Die Bedeutung von Kontexten und wie man mit ihnen Text auslegend umgehen kann, hat die literaturtheoretische Richtung der Dekonstruktion genutzt.[5] Indem ich zeitgenössische Erzählungen neben den biblischen Text stelle, fördere ich den kreativen Umgang mit ihm. Im gelungenen Fall kommt bei den Zuhörenden nicht an, was sie immer schon in dem Text gehört haben, sondern er wird noch einmal reicher, „Wort Gottes heute, für dich".
Predigten sind in erster Linie mündlich vorgetragenes Wort. Auch erzählende Passagen leben von der Stimme und Präsenz, die die Stimmung und Spannung vermitteln über den druckbaren Wortlaut hinaus.[6] Insofern können die Textfassungen in diesem Band eine Anregung sein und eine Idee dessen vermitteln, was im Predigen geschieht, aber nicht für das Predigtgeschehen selbst stehen.
Die Predigten sind mit einer Ausnahme alle in der Gemeinde auf dem Ulmer Eselsberg gehalten worden, in der ich von 2001 bis 2007 Pfarrerin war und danach hin und wieder Vertretungsdienst getan habe. Höhere Bildungsabschlüsse sind bei den Gemeindegliedern häufig, allerdings kaum im spezifisch geisteswissenschaftlichen Bereich. Viele Predigten waren Teil eines ökumenischen Gottesdienstes in der Kirche St. Klara, wo einmal im Monat die evangelische Gemeinde Gottesdienst feiert und die Gottesdienste an Festtagen sowie zu besonderen Anlässen, wie Predigtreihen, ökumenisch gestaltet wurden. Die Predigttexte an Festtagen gehören am ehesten zu den vertrauten, die es vertragen, in ein neues Licht gerückt zu werden. Aber nicht nur solche Tage, die ohnehin für alle in der Gemeinde herausgehoben sind, bieten sich für Predigten mit Erzählungen an, deswegen habe ich auch einige zu Sonntagen im Jahreslauf eingefügt.

Ulm, im Juli 2011 Isolde Meinhard

[5] Erläuterung z.B. durch R.G. Renner, Kapitel „Dekonstruktion" in: Texte zur Literaturtheorie der Gegenwart, hrg. und komm. von D. Kimmich, R.G. Renner, B. Stiegler, Reclam Stuttgart, 1996 S.279 – 286; Artikel „Dekonstruktion" in: Metzler-Lexikon Literatur- und Kulturtheorie, hrg. Ansgar Nünning, Stuttgart 1998, S.82-83

[6] Siehe dazu etwa Hans-Günter Heimbrock, Spuren Gottes wahrnehmen. Phänomenologisch inspirierte Predigten und Texte zum Gottesdienst, Stuttgart 2003

Predigten zu Festtagen

Weihnachten

Jesaja 52,7-10 1. Weihnachtstag 2006

Elizabeth Jolley, A Gentleman's Agreement in: Best Australian Short Stories, ed. Mary Lord

Wie lieblich sind auf den Bergen
die Füße des Freudenboten,
der Frieden verkündet, gute Botschaft bringt,
der Heil verkündet, zu Zion spricht:
    Dein Gott ist König!
Horch, deine Wächter erheben die Stimme,
jubeln miteinander,
denn Aug in Auge sehen sie,
wie der Herr heimkehrt nach Zion.
Jauchzt, jubelt miteinander,
    ihr Trümmer Jerusalems!
Denn der Herr tröstet sein Volk,
    erlöst Jerusalem.
Der Herr entblößt seinen heiligen Arm
vor den Augen aller Völker,
und es schauen alle Enden der Erde
das Heil unseres Gottes.[7]

Jauchzt, jubelt laut,
liebe Gemeinde!
Mit Pauken und Trompeten und einem Wasserfall von Geigen, so wie das Bach"sche Weihnachtsoratorium beginnt, „jauchzet, frohlocket!", so jubeln die Wächter miteinander. Na, vielleicht hört es sich nicht so komponiert an wie im Eingangschor des barocken Oratoriums, eher so wie der Aufschrei und Tröten und Singen im Stadion, wenn das richtige Tor gefallen ist. Jubelt alle miteinander.

[7] Übersetzugn aus der Züricher Bibel und eigen

Jauchzt, jubelt – ihr Trümmer Jerusalems. Eingefallene Mauern, leere Fensterhöhlen, öde Straßen. Was wird hier für Jubel laut werden? Zumal es nicht einfach um die Steine einer alten Stadt geht. Die äußere Landschaft in diesem Gedicht ist ein Spiegelbild für die innere Landschaft der Menschen. In Trümmern liegt nicht nur die 70 Jahre zuvor zerstörte Stadt. Drei Generationen sind herangewachsen in dieser Gottverlassenheit. Die Seelen geprägt von Niedergang, Angst und Gewalt, Niederlage und Armut. Was wird hier für Jubel laut werden.

Und nun: wie lieblich sind auf den Bergen die Füße des Freudenboten! Die kargen Hügel ringsum, die Täler mit schmalem Grün erscheinen plötzlich in anderem Licht. Lieblich ist diese ganze Landschaft. Die Schotterwege zum Zion, über die einst schwere Stiefel dröhnten – nun berührt von einem leichtfüßigen Boten. Die Rufe der Kundschafter und Wächter einst, voll Hiobsbotschaft und Kriegserklärung. Nun die hellen Worte des Freudeverkünders von Frieden und Heil und Jubelschreie der Späher. Wie lieblich Berg und Tal, Weg und Stadt! Wieder berührt von Gottes Liebe, weil er zurückkehrt in sein Eigentum, nach Hause zurück. Die Wächter sehen"s Auge in Auge. Wie kommt"s aber, dass noch jemand gewartet hat auf eine Wende der Dinge, auf einen Freudenboten – und Gott?

Anderer Schauplatz. In ihrer Erzählung „A Gentleman"s Agreement“ erzählt Elizabeth Jolley von äußerer und innerer Landschaft. Eine Familie in einer armen Vorstadt von Perth besitzt ein Stück Land 30 Meilen außerhalb. Armseliges Weideland, teils sumpfig, teils felsig erodiert. Selbst Schafe sterben hier. Sie verhungern entweder oder ertrinken, je nach Jahreszeit. Die Geräteschuppen ist am Zusammenfallen. Und wenn da ein Kalb geboren wird, kommt es nicht auf die Beine. So ein Ort ist das.

Die Mutter, allein erziehend, verdient Geld durch Putzen und setzt alle Kraft ein, um ihren Kindern ein normales Leben zu ermöglichen. Aber die verlassen die Schule ohne Abschluss, und der Sohn verliert eine Arbeit nach der anderen. Dazu das Farmland, nach dem man immer wieder sehen muss, trotz oder wegen der wechselnden Pächter. Sie ist nur noch Haut und Knochen. Das Land würde sie verkaufen, aber ihr alter Vater hängt daran. Er lebt in einem Altenheim, erblindet, und hat nichts mehr von seinem Land als die Erzählungen seiner Tochter und Enkelin und gelegentlich etwas von der kargen Ernte. Aber so lange er lebt, bringt die Frau es nicht übers Herz, den Stolz seines Lebens zu veräußern. Not und Verlassenheit der Familie prägt das Stück Land, und das vernachlässigte Land vergrößert nur die Not der Besitzer.

Dabei ist die Frau weder schicksalsergeben noch einfallslos. Sie ist arm, und sie solidarisiert sich mit ihren armen Nachbarn. Während sie in den Häusern der reichen Leute putzt, organisiert sie immer, dass derweil eine arme Familie den Swimming Pool genießen oder die Waschmaschine nutzen kann. Es bedeutet natürlich zusätzlich Stress, denn sie muss dafür sorgen, dass keine Spuren bleiben. Aber sie hat ein gutes Gewissen dabei. Den einen tut"s gut, den andern schadet"s nicht. Sie nutzt ihre Möglichkeiten Gutes zu tun, hält die Hoffnung auf Gerechtigkeit wach – und sie hofft auf den Erlös für das Farmland, eines Tages, die Grundlage für ein glücklicheres Leben.

Auch in den Trümmern Jerusalems hat noch eine Glut der Hoffnung geglimmt, hat noch jemand gewartet auf eine Wende der Dinge, auf einen Tag des Jubels. Propheten versichern gegen allen Augenschein, dass Gott lebendig ist, Israels Gott der einzig lebendige Gott. Und dass der Erlöser kommen wird und aufrichten die Wohnhäuser und das Gotteshaus und die Herzen der Menschen. Weise und Lehrerinnen halten sich an die Gebote zum gemeinsamen Leben und mahnen, in den Ordnungen Gottes zu bleiben. Bis Babylon unterging und Persien erstand und die Füße des Freudenboten über die Berge flogen und das Land lieblich wurde.

Bei Perth stirbt eines Tages der Großvater. Endlich kann das glücklose Farmland verkauft werden. Endlich raus aus den Schulden und dem Existenzminimum. Die Mutter weiß längst einen freundlichen, interessierten Käufer, einen gut situierten Arzt, der schon Jahre lang abwartet, das Tal auszulösen. Ehe es zum Vertrag kommen soll, will die Frau das Land wenigstens ein bisschen in Schuss bringen. Die lange Bustour hinaus, diesmal ist der Sohn auch dabei. Sie prüfen, was repariert werden muss, und verlieren dabei den Sohn aus den Augen. Mutter und Tochter sehen ihn plötzlich über die Weiden rennen, rennen. Der Wind trägt seine Stimme herüber, wie er ruft und lacht. Jubelt und jauchzt. „Ich glaube, er lacht! Er ist glücklich!“ staunt die Mutter und lässt kein Auge von ihm. Und sieht selbst glücklich aus. Nie zuvor war das Farmland so lieblich anzusehen.

Der junge Mann packt zu. Es stellt sich heraus, dass er plötzlich alle Arbeit kann, die er beginnt. Repariert den Traktor, setzt neue Zaunpfähle, flickt und streicht die Gerätescheune. Es ist überhaupt kein Problem, den gewünschten Preis für das Farmland zu vereinbaren. Jetzt muss nur noch der Vertrag unterzeichnet werden.

Zurück zu Jesaja: Die Unterweisung und Mahnung der Lehrer und Weisen Frauen hat durchgetragen gegen eine Erosion der Moral. Die Verheißungen und Ankündigungen der Propheten kommen zur Erfüllung. Aug in Auge sehen die Wächter, wie Gott heimkehrt nach Zion. Es ist anders als bei Elia, der sich in einer Höhle verbarg, anders als bei Mose, den Gott in einen Felsspalt schickte, ehe er vorüber ging. Denn wer Gott sieht, muss sterben. Nicht so hier. Sie bedecken ihr Gesicht nicht. Sie schauen Gott nicht nur nach. Aug in Auge – so begegnet ihnen Gottes Einwohnung in der Welt, eingekehrt in ihr Eigentum. Daran knüpfen wir Christen an, Aug in Auge begegnet Gott: in einem neugeborenen Kind in einer Futterraufe. Das Kind, das die Verheißungen erfüllt. Nicht wir Menschen müssen uns verbergen vor einer Begegnung mit Gott, sondern Gott verbirgt sich in einem Menschen, in seinen Möglichkeiten, in seiner Endlichkeit. Gott ist Mensch geworden, für eine liebevolle Berührung der Berge und der Menschen, der äußeren und inneren Landschaft. Alle Enden der Erde leben wieder auf.

In der australischen Vorstadt sitzen Mutter und Tochter beim Notar. Dazu der freundliche Arzt und Käufer ihres Landes. Er unterzeichnet die Verträge. Auch die Mutter beginnt die Unterzeichnung. Plötzlich sagt sie zu dem Arzt: „Wissen Sie, mein Vater hat das Land sehr geliebt. Er konnte es erst spät in seinem Leben kaufen und dann hat er nie dort leben können. Da Sie es ja selbst so lieben, können Sie bestimmt meinen Vater verstehen." Die Männer gucken. „Ich habe das Gefühl", sagt sie, „wenn ich nur für eine Pflanzung und Ernte dort leben könnte, würde mein Vater in größerem Frieden ruhen." – „Ich sehe keinen Grund, warum das nicht gehen sollte," sagt der Arzt, er ist wirklich ein freundlicher Mann. Der Notar dagegen widerspricht, wird richtig wütend. „Das steht nicht in den Vereinbarungen!" Aber der Arzt steht auf, kommt zu der Frau und sagt: „Ich meine, Sie sollten wirklich eine Pflanzung und Ernte auf dem Land haben und dort leben, solange sie reift. Es ist die Vereinbarung eines gentleman." – „Das sind die Besten," sagt die Frau, steht auf, und sie schütteln die Hände. Der Notar ergänzt eine spezielle Klausel.

Der Arzt hat nun das Land in dem Tal, die Familie hat das Geld. Und der Sohn ist ganz ungeduldig, mit der Pflanzung zu beginnen. „Es hat keine Eile," sagt die Mutter. „Na, eine Frucht ist nicht gerade eine lange Zeit," meint der Sohn. „Lang genug," sagt die Mutter. Sie ziehen in die kleine Hütte im Tal und genießen den Ausblick auf die liebliche Landschaft, Großvaters Tal. Eines Tages kommen die bestellten Setzlinge in ihren Plastiktöpfchen. „Was ist das?" fragt die Tochter. „Unsere Pflanzung." – „Ja klar, aber was für eine Pflanze." – „Ach so, na, ein Jarrah-Eukalyptuswald." – „Äh, aber es wird ja Jahre dauern, bis er groß ist." – „Ich weiß schon, wir fangen morgen an zu pflanzen. Gucken nach den besten Plätzen und pflügen und pflanzen in einem Gang." – „Ja, aber was ist mit dem Arzt?" – „Ah, na, er kann doch auf sein Land kommen, wann immer er will, und uns besuchen", sagt die Mutter. „Es steht nichts in dem gentleman's agreement, dass er das nicht könnte."

Innere und äußere Landschaft blühen auf. Aug in Auge begegnet Gott. Hat sich eingelassen auf die Welt und unser Heil. Eingelassen auf die Menschen, die Christus nachfolgen, und so Gott sichtbar machen vor aller Augen. Unter den Bedingungen der Welt. Hier und da. Und doch:

Alle Enden der Erde schauen das Heil unseres Gottes.

Amen.

Ostern

Lukas 24,13-35 Ostern 2003 rk. Messe mit ev. Predigt
mit Rembrandt-Radierung Christus in Emmaus, EG württ. 866
Filmgeschichte Todd Haynes, Dem Himmel so fern

Frohe Ostern!
Seit einigen Tagen habe ich so gegrüßt und den Gruß bekommen. Wir meinen es wohl herzlich, vielleicht fromm, aber trotzdem, es ist ein Gruß, zeitgemäß. Das Wetter spielt ja auch mit, wochenlang Sonnenschein nach dem Winterdunkel. Wärme nach der kalten Zeit. Blattspitzen und Blüten nach den grauen Monaten. Was anderes könnte Ostern sein als froh?
Liebe Gemeinde, wir feiern aber nicht Ostern, weil die Sonne scheint. Wir feiern nicht Ostern, weil zuverlässig wieder Frühling geworden ist, weil allen Gesetzen gemäß die Tage länger, die Atmosphäre wärmer und die Pflanzen wieder grün werden, wie jedes Jahr, jedes Jahr von neuem. Wir feiern nicht die ewige Wiederkehr in der Natur und wir feiern nicht, dass wir uns auf ihre Rhythmen und Grenzen verlassen können. Liebe Gemeinde, wir feiern das ganze Gegenteil! Der Herr ist auferstanden! – Er ist wahrhaftig auferstanden! Das ist der Ostergruß der Christen, und er bedeutet das ganze Gegenteil von Wiederkehr und verlässlichen Grenzen. Bevor Ostern froh werden kann, ist es – entsetzlich.
Ich möchte mit Ihnen ein Bild betrachten, in dem das Entsetzen über die Ostererfahrung eindrücklich dargestellt ist. Sie finden es im Gesangbuch neben der Liednr. 467. „Christus in Emmaus" ist der Titel der Radierung von Rembrandt. Nehmen Sie sich einen Moment Zeit, treten Sie mit dem Burschen im Vordergrund in die Gaststube ein und gewöhnen Ihre Augen an das Dämmerlicht im Raum. -- Sie fahren zusammen, es poltert, ein Schreckensschrei, eingesogen. Links in der Bank steht ein Mann mit weichen Knien und ringt die Hände. Vielleicht faltet er sie auch in erschrockener Anbetung. - Der andere fährt gegen die Wand, erhobene Hände, der Hut fliegt vom Kopf. - Mitten in diesem Entsetzen Christus, in göttlichem Licht, in göttlicher Ruhe. Vom Scheitel bis in die Fingerspitzen macht er die göttliche Dreieinigkeit gegenwärtig. Sein Kopf reicht über den irdischen Horizont hinaus in göttliche Sphären. Aber er ist auch ganz Mensch. Hält in den Händen das gebrochene Brot. Teilt es aus, reicht es den beiden. Leicht aus der Mitte gewendet, schaut er den Mann rechts an. „Nimm und iss!" Der Herr ist auferstanden! Das ist zuerst eine erschreckende Erkenntnis.
Dabei waren sie vorgewarnt. Wir haben es im Evangelium gehört, die beiden Jünger auf dem Weg nach Emmaus sind nicht unvorbereitet. Sie haben schon eine Ahnung davon bekommen, dass plötz-

lich Leben ist, wo sie Tod vermeinten. „Einige Frauen aus unserem Kreis haben uns in Aufregung versetzt“, „aus der Fassung gebracht“ müsste man wohl übersetzen. Der auferstandene Herr ist schon verkündet. Was sie jetzt, aufspringend, zurückfahrend, mit Augen, Herz und Seele erfassen, das ist ihnen vorher schon einmal zu Ohren gekommen. Nicht Jesu Tod steht mehr im Vordergrund, nicht ihre enttäuschte Hoffnung. Sie kommen schon von der ersten, verstörenden Osterbotschaft her. Ein Keim ist schon gesät für eine erschütternde Wahrheit. Eine Ahnung haben sie schon davon, dass da eine Grenze durchbrochen wurde, die absolut unüberschreitbar, gesetzmäßig, ja heilig schien: Die Grenze zwischen einem Menschen im Leben und einem Menschen im Tod. Wer aus dem Tod zurückkommt, ist doch ein Geist, vom Teufel getrieben.

Mit der verstörenden Ahnung sind sie fortgegangen, vielleicht geradezu davon gelaufen. Sie haben versucht, diese wahnsinnigen Nachrichten abzuschütteln. Sie haben versucht, an die Gesetze und Grenzen zu glauben, die für ein Menschenleben auf Erden gelten. Sie haben angefangen, ihre Beziehung zu lösen von dem Lehrer und Freund, der nicht mehr da war. Sie haben sich bemüht, ihre Hoffnung zu begraben. Einen freudlosen und bedrückten Gang haben sie getan. Aber vielleicht war nicht die Trauer um den Toten, nicht die verlorene Hoffnung so schwer und so lastend, sondern der Kampf gegen die Ahnung, dass da Leben ist, wo unmöglich Leben sein kann, wo keines mehr sein darf nach Gottes Ordnung.

Die Jünger waren vorgewarnt – und ohne die Ahnung in ihnen hätten sie in Emmaus nichts erlebt. Auf ihrem Weg hat sich einer zu ihnen gesellt und hat sie begleitet in den Abend. Hat sie belehrt, dass das, was gewesen ist, gut war, richtig so und Gottes Wille von jeher. In Gedanken waren sie zurückgewendet. Mit dem Kopf folgten sie den Schriftauslegungen. Aber derweil hatten die Herzen Zeit, hüteten die Ahnung; sie reifte, sie brannte. Am Abend, beim Mahl, sind sie so weit. Die Zeit ist reif. Christus offenbart sich ihnen. Er ist nicht tot und auch kein Geist. Er hat einen Leib und nimmt Raum ein auf seiner Bank. Er nimmt Beziehung auf mit Worten, Stimme und Gesten. Er hat Kraft, eine leuchtende Energie geht von ihm aus. Jesus lebt – und die beiden fassen es. Mit Entsetzen noch, aber eben weil sie es fassen. Danach kommt auch die Freude, auf dem Rückweg, bei den Jüngern und Jüngerinnen, beim Erzählen, bei der gegenseitigen Bestätigung. Der Herr ist auferstanden – und auch unser Leben ist ganz und gar neu.

Liebe Gemeinde, jedes Jahr erinnern wir uns an diese Geschichte. Mir kommt das erstaunlich vor. Im allgemeinen verlassen wir uns als brave Bürgerinnen und Bürger darauf, dass Gottes Ordnungen in der Schöpfung gelten und dass Gottes Gebote für unsere Gemeinschaft lebensnotwendig sind und zu achten. Und dann feiern wir jedes Jahr, dass Gott selbst seine Ordnungen und Gebote umstürzt. Bei der elementarsten Grenze fängt er an, aus dem Tod hat er Jesus wieder gebracht in ein neues Leben. Ich habe danach gesucht, was mir, 2000 Jahre später, diese eigentliche Ostererfahrung begreiflich machen könnte, diese Freude, die erst durch einen großen Schrecken hindurch wachsen muss. Manchmal kann Liebe so sein, das überraschende: Du liebst mich ja. Ich lieb dich ja. Die Zumutung an Vertrauen und Nähe kann erschrecken, ehe sie Freude macht. Mir kam es aber doch noch zu harmlos vor. Liebe ist – hoffentlich – normalerweise erlaubt, nicht etwas, was eigentlich nicht sein dürfte. Aber dass einer aus dem Tod zurück kommt, das geht gar nicht, das ist doch unmöglich, das darf es nicht geben. Deswegen sind mir Erfahrungen eingefallen von Menschen, die auf eine Weise neues Leben gefunden haben, die es nicht geben dürfte. Ich bin mir ziemlich sicher, dass manche von Ihnen davon abgestoßen sein werden. Genau diese Abwehr und dieser Schrecken gehören dazu. In den beiden Schicksalen, die ich erzählen will, werden Grenzen und Ordnungen umgestoßen, die viele von uns für unverrückbar halten. Ich erzähle sie, weil sie mir den Schrecken von Ostern verständlich machen – die beiden Menschen, um die es geht, haben ihn gekannt.

Als erstes erlaube ich mir, etwas aus einem Film zu erzählen, nämlich aus „Dem Himmel so fern.“ Er spielt in einer nordostamerikanischen Kleinstadt in den fünfziger Jahren. Eine der Hauptfiguren ist Mr. Wittacker, ein Geschäftsmann Mitte vierzig, verheiratet mit einer vollkommenen Frau, Familienvater, erfolgreich, gut situiert, angesehen. Er könnte nicht glücklicher sein – denkt man. Statt dessen: über drei Viertel des Films geht, steht und sitzt er im Schatten, im Dunkeln, bei Nacht. Man sieht ihn geduckt, versteckt, verzweifelt. Vor langer, vor sehr langer Zeit hatte er eine Ahnung bekommen, wie erfülltes Leben für ihn aussehen könnte, ganz anders, Leben mit einem Mann. Und diese Wahrheit holt ihn nun wieder ein. Ein quälendes halbes Jahr lang, vom Ahornfeuer des Indian Summer bis zum Schneeweiß der Kirschblüte, versucht er mit Hilfe eines Psychiaters, sich zu kurieren. Mitten im Winter lernt er den Mann kennen, der mit ihm leben will. Die Zeit ist reif. Und so ringt er sich schließlich, unter Tränen, dazu durch, sich von seiner Familie zu trennen. Als er kurz darauf mit seiner Frau telefoniert, um ihr den Scheidungstermin zu sagen, steht er aufrecht mit entspanntem Gesicht in der Frühlingssonne seines Zimmers.

Ich möchte nicht nur Filmgeschichten erzählen, aus vergangener Zeit und einem fernen Land, sondern auch eine, die ich miterlebt habe, in einem Chor, in den ich neu kam. Als ich sie kennenlernte, hieß sie Andrea[8]. Sie war in unserem Kammerchor Notenwart und Stimmführerin im Alt, sang sicher und schön. Sie wirkte, vorsichtig ausgedrückt, burschikos, vor allem aber unfroh, in einem umfassenden Maß unfroh und bedrückt, dass ich mich schon vor ihr fürchtete. Ich merkte nur, dass die anderen sie alle sehr mochten, trotzdem. Ich versäumte eine Probe, und danach fuhren wir auf Chorfreizeit. Andrea wirkte aufgeräumt. Am Morgen, als ich in der frühen Sonne durch den Hof in unserer Unterkunft schlenderte, gesellte sie sich zu mir und sagte mit großer Selbstverständlichkeit: „Ich wollte dir noch sagen, weil du das letzte Woche nicht mitbekommen hast, ich heiße jetzt

[8] Namen geändert

Theo." Kurze Pause. „Vorläufig ist das eine private Namensänderung. Aber wenn es gut geht, werde ich es auch juristisch gültig machen und – ja – eine Geschlechtsumwandlung vornehmen." Später habe ich ihn gefragt, wie er seinen Namen ausgewählt hat. Er habe ihm gefallen, unter einigen in der engeren Wahl am besten. „Er heißt auch etwas Schönes," meinte ich, „Theo-dor, Gottesgabe". Ja, das sei ihm auch wichtig gewesen. Theo studierte und arbeitete wie zuvor als nebenamtlicher Organist und Chorleiter in einer Vorstadtgemeinde. Er war einer der kameradschaftlichsten Menschen im Chor. Es kamen Einübungszeiten, es kamen juristische Prozeduren, es kamen schwere Auseinandersetzungen mit den verletzten Eltern, es kamen Operationen, Hormonumstellungen, Stimmbruch. Theo war oft müde, aber nie wieder habe ich ihn entfernt so freudlos und bedrückt erlebt, wie in den ersten Wochen unserer Bekanntschaft. Wenn ihn jemand fragte, wie es ihm gehe, hieß die bestimmte Antwort: „Gut. Es ist richtig so."

Liebe Gemeinde, durch solche Angst und Bange an den Grenzen des menschlichen Zusammenlebens hinein wachsen in solche Freude, das kann ein Mensch nicht öfter mal. Die elementare Osterfreude ist nichts für jedes Jahr, sie ist einmalig. Viele von uns erleben sie vielleicht gar nicht. Und trotzdem feiern wir Ostern alle mit, jedes Jahr, bringen jedes Jahr die Geschichte in Erinnerung, wie Gott seine eigenen Ordnungen aufhob und neues Leben schuf. Wir halten die Hoffnung wach, dass das auch für uns, für jede und jeden von uns gültig sein kann. Des solln wir alle froh sein, Christ will unser Trost sein.   Amen.

1 Korinther 15,1-11 Ostern 2004

Filmgeschichte Pedro Almodovar, Habla con ella

Der Predigttext für diesen Ostersonntag steht im ersten Brief an die Gemeinde in Korinth:
Ich gebe euch aber, Schwestern und Brüder, das Evangelium zu wissen, das ich euch verkündigt habe, das ihr auch übernommen habt, in dem ihr auch festen Stand gewonnen habt, durch das ihr auch gerettet werdet. In welcher Bedeutung ich es euch verkündigt habe, müsst ihr es halten, es sei denn, dass ihr vergebens zum Glauben gekommen seid. Denn ich habe euch in erster Linie überliefert, was ich auch selbst übernommen habe, dass Christus gestorben ist für unsere Sünden nach der Schrift und dass er begraben wurde und dass er auferweckt wurde am dritten Tag nach der Schrift und dass er von Kephas gesehen worden ist, dann von den Zwölfen; dann wurde er von mehr als 500 Brüdern auf ein Mal gesehen, von denen viele bis jetzt <am Leben> geblieben sind, einige aber sind entschlafen; dann wurde er von Jakobus, dann von allen Aposteln gesehen; zuletzt von allen aber, als gleichsam einer unzeitigen Geburt, wurde er auch von mir gesehen. Denn ich, ich bin der Geringste unter den Aposteln, der ich nicht wert bin Apostel genannt zu werden, weil ich die Gemeinde Gottes verfolgt habe; aus Gottes Gnade bin ich, was ich bin, und seine Gnade gegen mich ist nicht erfolglos gewesen, sondern viel mehr als alle habe ich <missionarisch> gearbeitet, nicht aber ich, sondern die Gnade Gottes, die mit mir ist. Sei es nun ich, seien es jene, so predigen wir, und so seid ihr zum Glauben gekommen.

Liebe Gemeinde,
„ihr habt das Evangelium für euch übernommen, ihr habt festen Stand darin gewonnen, ihr werdet dadurch gerettet." Diese Feststellung macht Paulus am Anfang, und sie gilt.
Sie wären alle nicht hier, wenn Sie nicht irgendwann einmal Vertrauen in die Predigt von Jesus Christus gefasst hätten und auch schon erlebt hätten, dass es sie trägt – durch alltägliche Mühen oder gar durch richtig schwere Zeiten trägt. Und für die Zukunft sei´s noch einmal bestimmt gesagt: Ihr werdet dadurch gerettet. Was jetzt ist, wie wir gegenwärtig, plötzlich befragt, unseren Osterglauben fassen und bekennen können – dazu behauptet Paulus nichts, nichts Aufdringliches und nichts Zweifelhaftes. Er verlangt uns nichts ab. Er erinnert uns bloß an das, was schon gewesen ist und vergewissert uns über das, was kommen wird.
Allerdings, das steht für Paulus fest: der Osterglaube ist das Entscheidende für uns Christen. Jesus Christus – gestorben, begraben und auferweckt: ohne dies ist unser Glaube kein christlicher Glaube. Hat er denn gar kein Verständnis für Leute, die zweifeln, selbst wenn sie sich auch schon mal darauf verlassen haben? Im weiteren Kapitel 15 wird deutlich, dass Paulus genau mit solchen Men-

schen diskutiert. Welche Hilfestellungen gibt er uns hier in den ersten Sätzen? Ich nenne drei: Da ist die Überlieferung; da ist die Bedeutung für uns; und da ist die Liste der Zeugen.

Die Zeugen erzählen von einer direkten Begegnung. Sie kannten Jesus vor seinem Tod, sie haben sein Sterben gesehen oder unmittelbar mitbekommen, sie haben ihn wiedererkannt in seiner neuen Gegenwart. Auf ihrem Erlebnis gründet die Erzählung, die wir hören können. Darin hat sie ihren Anfang; nicht in einer Phantasie, nicht in einer mythologischen Spekulation, sondern in einer Erfahrung, die eine ganze Gruppe von Menschen gemacht hat.

Es schließt sich die Überlieferung an. Menschen, die selbst schon mit dem Glauben an den Auferstandenen leben, geben ihn weiter. Sie stellen uns in eine große und weit zurückreichende Gemeinschaft. Nicht ganz allein sollen wir etwas völlig Unwahrscheinliches glauben, sondern durchs Hörensagen von überzeugten und überzeugenden Anhängern Jesu Christi fassen wir Vertrauen.

Das dritte ist für mich das Entscheidende. Das Zeugnis überzeugt nur und die Überlieferung weckt nur Vertrauen, weil es das Dritte gibt: die Bedeutung des zunächst so unwahrscheinlichen Ereignisses. Haltet es fest in seiner Bedeutung! Es ist eine Bewegung des Herzens zusammen mit dem Verstand, die dem Sterben Jesu und den Begegnungen der Jünger und Jüngerinnen mit dem Auferstandenen einen Sinn zuerkennt. Sie wird geleitet zum einen durch die Schrift. „Nach der Schrift" ist Jesus gestorben und „nach der Schrift" am dritten Tage auferstanden. Wenn wir doch der Schrift vertrauen, dass Gottes Worte von der Schöpfung, von Bewahrung, von Gerechtigkeit wahr sind, dann steht gewiss auch Gott hinter dem Tod und der Auferstehung Jesu. Die Bedeutung nach der Schrift ist das eine, das andere ist die Bedeutung „für uns". Auf uns, jetzt, in unserem täglichen Leben sollen wir das Osterereignis beziehen. Christi Tod macht Sinn, weil er für uns geschehen ist, und seine Auferstehung ist glaubwürdig, weil sie auch uns ein neues Leben schenkt. Der Tod wird unser Leben nicht vernichten, sondern Gott wird es aufnehmen zu sich. Diese Bedeutung für uns wirkt sich jetzt schon in unserem Leben aus.

Pedro Almodóvar gibt in seinem Film „Habla con ella" (Sprich mit ihr) für mich ein Beispiel dafür, was es heißen kann, aus dem Osterglauben zu leben, nämlich gegen alle Weisheit der Welt und gegen alle Logik des gesunden Menschenverstands dem Leben recht zu geben, festzuhalten an der Hoffnung auf neues Leben und an der Würde jedes wie auch immer lebendigen Menschen. Ich erzähle deswegen von diesem Film.

Opernhaus Wuppertal. Pina Bausch und Ensemble tanzt „Café Müller". Die Bühne ist vollgestellt mit alten dunklen Kneipenstühlen. An der Wand windet sich eine Frau in langem weißen Hemd, sinkt schließlich zusammen und kippt zu Boden. Eine zweite erliegt derselben einsamen Verzweiflung. Als die erste aufsteht und besinnungslos ihren Weg in die Stühle taumelt, stürzt ein Mann vor ihr her und stößt die Möbel aus dem Weg. Die Frau merkt es gar nicht. Sie nimmt überhaupt von ihrer Umgebung nichts wahr. - Im Zuschauerraum zwei Männer, einer jung, einer mittleren Alters sehen gebannt zu. Dem Älteren laufen Tränen über die Wangen. Der Jüngere bemerkt es betroffen. Dann: Ein Krankenhauszimmer in Madrid. Benigno, der jüngere der beiden Zuschauer, feilt und salbt einer bettlägerigen jungen Frau die Fingernägel. Derweil erzählt er ihr von dem Tanztheater, von „Café Müller", von dem weinenden Nachbarn. Er erzählt ihr, dass sie, Alicia, auch einmal Pina Bausch sehen wird, vor allem, dass sie selber wieder tanzen wird. Er hat noch eine Überraschung für sie. Ein Poster von Pina Bausch, von ihr signiert. Er hält es ihr vor Augen. Man sieht Alicia: ihre Augen geschlossen, wie schlafend, sie sieht nichts, sie reagiert überhaupt nicht. Eine Krankenschwester kommt hinzu und zu zweit fangen sie an, Alicia zu waschen. Sie bleibt vollkommen reg- und leblos. Alicia liegt im Koma, seit vier Jahren. Seit vier Jahren spricht Benigno mit ihr nichts desto trotz, Tag für Tag, redet nicht nur auf sie ein, sondern so, als wenn sie ihm antwortete. Alles, was er unternimmt, die Filme, die er sieht, die Bücher, die er liest, alles tut er, um es anschließend Alicia zu erzählen. Ein bisschen stutzig macht es, wie freigiebig er sich für zusätzliche Nachtschichten zur Verfügung stellt, weil die andere Krankenschwester aus familiären Gründen frei braucht.

Ein paar Wochen nach dem Theaterbesuch in Wuppertal erscheint auch Marco in der Klinik in Madrid. Benigno erkennt ihn wieder, erinnert ihn an „Café Müller", fragt ihn leutselig, warum er da sei. Marco hat eine Freundin begleitet, eine Stierkämpferin, die bei einem Kampf lebensgefährlich verunglückt ist – und nun im Koma liegt. Diagnose: das Großhirn zerstört, nur noch die grundlegendsten Körperfunktionen werden aufrecht erhalten. Wie bei Alicia, stellt Benigno fest. Aber ganz ohne die Niedergeschlagenheit, die Marco bestimmt. „Sprich mit ihr", rät Benigno ihm. „Aber sie hört doch gar nichts." – „Das weiß man nicht, das menschliche Gehirn ist ein Geheimnis, erst recht das einer Frau." – „Ich kann das nicht," meint Marco. Und Benigno schlägt vor: „Bring doch Lydia auch hierher. Wir setzen die beiden nebeneinander auf den Balkon, da haben sie Gesellschaft." Wenig später sitzen die zwei abwesenden Frauen beziehungslos nebeneinander in ihren großen Rollstühlen. Benigno stellt sie einander vor und hält ein Sommersonne- Balkongespräch in Gang. Marco steht befangen daneben.

Über Wochen kommt Marco in die Klinik, um Lydia zu besuchen. Aber da er keine Beziehung zu der Frau im Koma findet, leistet er immer wieder Benigno und Alicia Gesellschaft. Ein bisschen stutzig macht es schon, mit wieviel Sorgfalt Benigno alle Gliedmaßen der Patientin durchmassiert und jeden Tag mehrmals ihre Beine und Arme bewegend trainiert. Einmal trifft Marco noch eine Frau auf dem Balkon. Sie redet munter auf Alicia ein, erzählt ihr von einer wichtigen Reise, die sie jetzt machen muss, „mein Töchterchen", dass sie ein paar Wochen nicht wird kommen können, Alicia soll nur nicht ungeduldig warten, „mein Kind". Und dann rauscht sie aus dem Zimmer. Während man sich noch wundert, was das für eine Mutter ist, erklärt Benigno: „Das war Alicias Ballettlehrerin. Sie kommt sonst jede Woche zu Besuch." Benigno kannte Alicia schon, als sie noch munter auf den Beinen war. Von einem Fenster seiner Wohnung aus hat er den Blick in einen Ballett-Übungsraum, in dem ihm irgendwann Alicia ins Auge fiel. Mehrmals die Woche übte sie dort in der Tanzklasse. Einmal sah er, wie sie ihr Portemonnaie verlor, stürzte aus dem Haus und mit der Trophäe ihr nach. So kam es zu einem kurzen Gang bis kurz vor ihr Haus. Durch den dichten Verkehr einer vierspurigen Straße schlug sich Alicia auf die andere Straßenseite. Diese Passage war es wohl, die sie wenig später in den ewigen Schlaf warf. Der Vater wollte die Tochter rund um die Uhr gepflegt und begleitet wissen. Die Personen dazu suchte er sich persönlich aus. Benigno, seit kurzem Pfleger in der Klinik, hatte bis dahin 20 Jahre seines Lebens mit der Pflege seiner depressiven Mutter verbracht und kannte sonst wenig von der Welt. Er behauptete, Männer zu lieben, und bekam tatsächlich eine der Stellen.

Marco erträgt die Gesellschaft der leblosen Freundin nicht und beschließt, sie ihrer Familie und ihrem geliebten Torrerokollegen zu überlassen und sich, wie schon so oft in seinem Leben, auf eine weite Reise zu machen. Er kommt, sich von Benigno zu verabschieden und erfährt, dass Benigno auch für eine Weile gehen muss. Fristlos beurlaubt, Komplikationen bei Alicia, ob Marco ihn mitnehmen kann in die Innenstadt. „Weißt du was," erklärt Benigno seinem Freund auf dem Weg zum Auto, „ich möchte Alicia heiraten." Da fährt Marco aus der Haut, schreit ihn an, er solle das ein für allemal vergessen. „Warum?" – „Weil Alicia nicht Ja sagen kann." – „Wir werden ein besseres Paar abgeben als viele, Alicia und ich." – „Benigno, was du für Gespräche hälst, sind doch ausschließlich Selbstgespräche." – „Nein, wieso, Alicia antwortet mir doch." – „Unsinn, alles, was sie sagt, fantasierst du in sie hinein." – „Ich liebe Alicia. Du liebst sie doch auch." – „Klar, aber sie fühlt nichts, nicht für mich, nicht für dich, Benigno, Alicia ist praktisch tot! Bring das endlich in deinen Schädel!" Benigno bleibt unbeeindruckt.

Acht Monate später, Marco ist von einer langen Reise in Jordanien zurückgekehrt, erkundigt sich in der Klinik nach Lydia. Sie ist verstorben. Er erkundigt sich nach Benigno. Benigno sitzt in Untersuchungshaft. Alicia war schwanger geworden, und der Verdacht auf Missbrauch der Pflegebeziehung und Vergewaltigung der Patientin war bald auf Benigno gefallen. Marco besucht ihn im Gefängnis. Gefangen zu sein, macht Benigno nicht viel aus. Aber Alicia fehlt ihm quälend. Er darf nicht einmal irgend etwas von ihr wissen. Er deutet an, dass er es nicht mehr lange aushält, dass er irgendwann ausbrechen wird. Ob Marco nicht in Erfahrung bringen könne, wie es ihr gehe, und ihm erzählen. Marco braucht eine Wohnung, und Benigno empfiehlt ihm, einstweilen in sein Appartement zu ziehen.

Marco erfährt, dass Alicia ein Kind geboren hat, das nicht überlebte, und dass Benigno nichts mehr von ihr hören darf. Er bezieht das Appartement von Benigno. Die Wohnung, die vier Jahre lang auf

Alicia gewartet hat. An einer Wand hängt eine lebensgroße Portraitaufnahme von ihrem Gesicht auf dem Kopfkissen. Marco betrachtet sie versonnen. Sein Blick fällt aus dem Fenster durch die große Glasfront in den Ballettübungsraum. An den Stangen und im Saal trainiert eine wohlgeordnete Gruppe von jungen Frauen und einigen Männern. Die ihm bekannte Lehrerin geht zwischendurch und korrigiert und feuert an. Etwas deplaziert wirkt das junge Mädchen, das auf einem Stuhl dabei sitzt und zuschaut. Marco stutzt – und prallt zurück. Sucht das große Foto an der Wand, blickt zurück in den Ballettraum. Kein Zweifel, die da auf dem Stuhl sitzt, ist Alicia. Kurz darauf leert sich der Saal, übrig bleibt nur eine den Tränen nahe Alicia, zusammen mit ihrer Lehrerin. Die breitet eine Matte auf den Boden, redet ihr zu, Alicia legt sich unbeholfen darauf, und die Lehrerin beginnt ihre täglichen Bewegungsübungen an ihr. Alicia hat ein Kind geboren, das sterben musste – aber sie, die Todverfallene, kam ins Leben zurück.

Am nächsten Morgen findet Marco eine alarmierende Nachricht in seiner mailbox. Er lässt sich so schnell wie möglich zum Gefängnis nach Segovia fahren. Kommt zu spät. Benigno ist ausgebrochen – auf einer Überdosis Schlaftabletten. Der Wachmann übergibt Marco einen Abschiedsbrief. Benigno bittet, wenn er ins Koma falle, solle man ihn doch in Alicias Zimmer legen.

Opernhaus Wuppertal. Tanztheater Pina Bausch. „Masurka Fogo“: Eine Reihe von Menschen liegt am Boden, die Arme erhoben, und sie reichen eine Frau, halb sitzend, halb liegend, immer weiter von einem zur anderen, Händepaar nach Händepaar. Jemand hält ihr ein Mikrofon vor den Mund. Nur ein Stöhnen. Am Ende heben zwei Männer sie hoch wie eine Trophäe, lassen sie zu Boden – sie bricht zusammen; wird wieder hochgehoben, bricht wieder zusammen. Immer das Mikrofon. Marco wischt sich die Tränen ab. Man sieht das mit Alicias Augen. Etwas dämmert ihr. Pause. An einem Stock hinkt Alicia neben ihrer Ballettlehrerin durchs Foyer. Während die Lehrerin nach Getränken geht, begegnet Marco Alicia. Sie spricht ihn an. Sie erkennt, irgend etwas erkennt sie wieder. Irritiert und fasziniert behält sie den Mann im Auge, der in einiger Entfernung einen Bankplatz findet. Die Ballettlehrerin erfasst die Spannung und führt Alicia besorgt in den Zuschauerraum zurück. Als das Tanztheater weitergeht, stellt Marco fest, dass sie nicht weit voneinander sitzen und lächelt Alicia zu. Das Ende des Stücks. In einem langsamen Zug von Schritten und Rückschritten tanzt die Crew von der Bühne, nur die gequälte Frau der vorigen Szene streift langsam an der üppig grünen Felswand entlang – und ebenso verlegen ein Mann, der seinen Sonnenhut am Boden vor sich fortschiebt. Etwas Neues beginnt.

Liebe Gemeinde,

Jesus Christus war wirklich tot, und Gott hat ihn auferweckt in ein neues Leben. Nicht in der wundersamen Auferstehung sehe ich eine Parallele. Andere Dinge hilft mir die Filmgeschichte zu begreifen. Die Bedeutung Jesu Christi für uns. Da setzt einer sein ganzes Leben ein, weil er so unerschütterlich auf eine heile Zukunft hofft. Benigno gewinnt zwar selbst etwas, schon jetzt und erst recht, wenn Alicia wieder erwachen wird, aber zugleich ist es ein Leben ganz für sie. In ähnlicher Weise hat Jesus Christus sein Leben eingesetzt „für uns Menschen und zu unserm Heil", rückhaltlos, unerschütterlich auf dieses Heil hoffend. Auch ihn hat dabei die Liebe zu den Menschen in seiner Umgebung geleitet. – Alicia, mit dem gesunden Menschenverstand geurteilt „praktisch tot", Alicia ist eine schöne Frau, und das nicht nur, weil sie so sorgfältig gepflegt wird. Die aus dem Koma wiedererwachte wirkt hell, trotz ihres schweren Loses. Alicia ist ein schöner Mensch, weil sie geliebt wurde, geliebt als die, die sie sein könnte. Solche Liebe hat Gott in Christus in diese Welt gebracht, Liebe zu uns, wie wir sein könnten. – Und schließlich: Pina Bausch inszeniert in großer Dichte die wiedererkennbare Erfahrung, dass Menschen sich nicht erreichen, dass Mann und Frau sich nicht verstehen, dass Beziehungen missglücken, quälen. Es ist die Erfahrung in der gefallenen Welt, und für einen glaubenden Menschen gehört die Beziehung zu Gott dazu, die auch so oft missglückt in gegenseitiger Unerreichbarkeit. Almodóvar stellt daneben eine Frau im Koma, in extremer Unerreichbarkeit – und zugleich damit ein Paar, das innig verbunden ist. Für einen Moment erscheint etwas von der heilen Möglichkeit der Welt. An Benigno und seinem Kind wird in tragischer Weise sichtbar, dass diese Beziehung das Leben fordert. Christus hat so gelebt, hat Vertrauen in seine Beziehungen zu anderen Menschen und besonders in seine Verbundenheit mit Gott gelebt, hat die Unerreichbarkeit zwischen Gott und Menschen überbrückt bis zum Tod – „auch für uns". Osterglaube bedeutet teilzuhaben an diesem Vertrauen. Amen.

Jesaja 26,13-19 Ostern 2005

Jean Coué, Pierre lebt

Licht, erstes Licht, noch wie Tau fein und kühl sickert in die Welt. Eine duftige Decke von Frühlicht. An der Schwelle zum Morgen ist die Nacht noch gegenwärtig. Eine schwere Nacht, dunkel, aber schon rückt sie in die Vergangenheit. Die Ereignisse verwirren sich wie die Erinnerung an einen lastenden Traum. Licht wie Tau weckt die Lebensgeister. Einen Funken Hoffnung. Aufblitzendes Begreifen. Einen Freudenstrahl. Lichtkräfte breiten sich aus und lassen Tag werden. Vor Augen. Im Herzen. Im Verstand. Licht wie Tau an der Schwelle zum Tag.

Vielleicht, liebe Gemeinde, lässt dies Licht etwas begreifen vom Osterereignis. Vielleicht der flaumige Schimmer von Knospen über dem kahlen Wald. Vielleicht die Spitzen von Saatgrün auf der dunklen Erde. Vielleicht. Alles in allem bemühen sich mein Verstand und Herz vergebens, das zu begreifen: Christus ist auferstanden – Auferstehung der Toten. Letztlich hilflos stehen sie vor diesen Bekenntnissen. Ich will es schließlich so hinnehmen. Ich kann die Auferstehung nicht wahr machen, nicht mit klugen Beweisen und nicht mit Phantasie, nicht mit treffenden Worten und nicht mit Taten. In Bezug auf die Auferstehung bin ich ohnmächtig. Dies Gefühl schafft eine Nähe zu anderen Situationen von Ohnmacht; solchen, in denen es eine Hilfe wäre, wenn Auferstehung sich begreifen ließe, Ohnmacht gegenüber einer tödlichen Krankheit, Ohnmacht gegenüber dem Sterben, gegenüber dem Tod eines Menschen, der mir doch noch so lebendig gegenwärtig sein kann.

Ich bin mit dem Predigttext für den Ostermorgen übereingekommen, dass wir so uns Ostern annähern können, mit dem Frühlicht wie Tau, mit den weichenden Schrecken einer nachtdunklen Zeit, mit der Erfahrung von Ohnmacht. Ich lese Jes 26,13-19

Mein Herr, unser Gott, beherrscht haben uns Herren außer dir,
nur deiner gedenken wir, deines Namens.
Tote sind sie, sie werden nicht leben;
Verstorbene sind sie, sie werden nicht aufstehen;
dazu hast du sie gesucht und vernichtet
und hast verloren gehen lassen alles Gedenken an sie.
Du hast vermehrt das Volk, mein Herr, vermehrt das Volk,
hast dich verherrlicht, entfernt alle Enden der Erde.
Mein Herr, in der Bedrängnis haben sie dich gesucht,
haben Beschwörungen ergossen in deiner Züchtigung für sie.
Gleichwie eine Schwangere, die nahe daran ist

zu gebären, bebt und schreit in ihren Wehen,
so waren wir vor deinem Angesicht, mein Herr.
Wir waren schwanger, wir bebten, gleichsam gebaren wir: Wind.
Hilfen haben wir dem Land nicht gebracht,
und nicht geboren wurden Erdenbürger.
Leben werden deine Toten, meine Leichname werden aufstehen.
Wacht auf und jubelt, die ihr im Staub liegt!
Ja, Tau der Lichtkräfte ist dein Tau,
und die Erde wird die Verstorbenen gebären.

Et resurrexit tertia die secundum scripturas und ist auferstanden am dritten Tage nach der Schrift.
Liebe Gemeinde, so bekennen wir unseren Osterglauben mit dem Nicänischen Bekenntnis. Er ist auferstanden, ganz wie in den heiligen Schriften des Volkes Gottes erhofft und bekannt und geweissagt. Tatsächlich gibt es in der hebräischen Bibel ganz wenige Texte, die die Hoffnung auf eine Auferstehung der Toten ausdrücken. Dies eindringliche Gebet ist einer. Darum ist es uns heute als Predigttext gegeben. Christus ist auferstanden. Das entspricht Gottes Willen und Wahrheit, wir können es in der Schrift so finden.
Aber nicht nur er. Nicht nur dem Gesalbten Gottes ist die Auferstehung verheißen.
Leben werden deine Toten, meine Leichname werden aufstehen.
Wacht auf und jubelt, die ihr im Staub liegt!
Ja, Tau der Lichtkräfte ist dein Tau,
und die Erde wird die Verstorbenen gebären.
„Meine“ und „deine“, Gottes Stimme und die menschliche ineinander und miteinander verwoben. Für all unsere Lieben, die wir vermissen, gilt die Hoffnung. Nicht Zerfall und Verschwinden erwarten wir als das letzte Ereignis, sondern Leben, aufrecht und jubelnd, für sie und für uns. So bekennen wir im Gottesdienst: Ich glaube die Auferstehung der Toten und das ewige Leben. So feiern wir Ostern. Jahr um Jahr. Trotz der Ohnmacht, es zu begreifen. Trotz den Gräbern, die Jahr um Jahr ausgehoben werden.
Der Beter bei Jesaja kommt aus einer nachtdunklen Zeit. Aber sie weicht schon zurück vor dem Tau des Frühlichts und die Ereignisse entziehen sich klaren Worten. Sie entweichen in die schwindende Nacht und verwirren sich: sie – wir – sie wie wir.
Brauchen wir die dunkle Folie, damit das Osterlicht leuchten kann? – Es geht nicht um einen pädagogischen oder psychologischen Kniff. Es geht um den Ursprung von Auferstehung. Auferstehung geschieht aus dem Tod, aus der umfassendsten Ohnmacht. In allem wirren Dunkel ist Ohnmacht die

hauptsächliche Erfahrung im Gebet bei Jesaja. Ohnmacht in den eigenen Bemühungen. Ohnmacht gegenüber den Herrschern, die für die eigene Macht regieren und sich selbst bereichern und die Wahrheit verhehlen. Eine Ohnmacht, die sich ähnlich zu allen Zeiten wiederfindet. Nur dass wir heute vielleicht mehr denn je die Herrschenden selbst als ohnmächtig erleben, hilflos gegenüber den rasanten, weltweiten Entwicklungen, die uns den gewohnten Wohlstand rauben und die Lebensgrundlagen und die lebensfreundliche Natur, unaufhaltsam. Und dann gehört auch der Tod zu den Erfahrungen des Beters, Tod Unzähliger im vermeidbaren Krieg und ihm folgenden Hunger. Tiefpunkt der Ohnmacht.

Doch nun ist Zeit für den Tau der Lichtkräfte. Den Funken Hoffnung. Aufblitzendes Begreifen. Einen Freudenstrahl. Aus dem Tod geschieht Auferstehung. Gottes Gabe eines neuen Lebens, so wie zuvor von Gott das Erdenleben herkam. Leben und neues Leben ganz und gar geschenkt. Niemand kann etwas dazu tun. Aber wir können daraus leben. Wir können vertrauensvoll erwarten, dass etwas wie Auferstehung erwachsen wird aus der Ohnmacht, aus der anerkannten Ohnmacht und Hilflosigkeit. Dann nehmen wir die Tage und die Regungen und die Rätsel des Lebens dankbar entgegen. Und dann gedenken wir Gottes, nur an Gott erinnern wir uns, wie er sich durch Jesus Christus einen Namen gemacht hat: Gott des Lebens, Vater Jesu Christi, der Jesus von den Toten auferweckt hat. Gottes gedenken heißt so an ihn denken, wie er sich in Jesus Christus bekannt gemacht hat, geboren von einer Frau, gekreuzigt, gestorben und begraben. Am dritten Tage auferstanden von den Toten. So glauben wir Gott für uns. So glauben wir unser Leben von Gott her. Geschenkt, indem wir geboren werden, und neu geschenkt durch den Tod hindurch, indem wir gleichsam wieder geboren werden.

Ich möchte erzählen, wie einer Ohnmacht erleben musste und auch etwas wie Auferstehung erfuhr. Ganz langsam kommt Pierre zu sich. Er spürt feine Erschütterungen. Jemand muss im Raum sein. Aber er hört nichts. Er hat wohl keine Ohren mehr. Jemand streicht ihm über die Stirn, rasch, wie „Ich bin da und mache mich an die Arbeit", aber er sieht nichts. Er hat wohl keine Augen mehr. Die Person riecht warm, nach gewaschener Kleidung, nicht aufdringlich. Bestimmt ist sie eine Frau. Pierre nennt sie bei sich Martha. Er kann riechen. Eine Nase hat er wohl noch. Er möchte etwas sagen, versucht, sich seinen Mund vorzustellen, Kiefer, Lippen, Zunge, versucht, etwas zu sagen. Es geht nicht. Einen Mund hat er wohl nicht mehr. Als Martha fertig ist, streicht sie ihm noch einmal über die Stirn, langsam, freundlich. Ein wenig später riecht er Brot, Tomaten. Martha hat sich mit ihrem Abendessen an sein Bett gesetzt. Er selbst kann nichts essen. Er ist auch nicht hungrig. Ihre Nähe tut gut. Martha geht im Raum. Kurz darauf strömt Luft ins Zimmer, sehr warm, riecht nach trockener Erde. Es muss hoher Sommer sein. Als Pierre das Bewusstsein verlor – das ist viele Wochen her – war noch nicht Sommer. Dann ist er allein.

Pierre versucht, mit den Gedanken, mit dem Willen seine Beine zu erreichen. Es geht nicht. Er hat wohl keine Beine mehr. Seine krüppelig krummen Beine. Aber er war gut geworden auf dem Rad. Er hatte gute Aussichten für das Rennen. Am nächsten Tag hätte es sein sollen. Darum waren er und Martin auch abgereist aus der Kaserne. Martin, sein Freund. Zum Radrennen. Stephane wollte sie zum Bahnhof bringen. Unbedingt. Er fuhr wie ein Idiot. Sie wollten aussteigen. Aber Stephane fuhr – besoffen.

Irgendwann die schweren Schritte im Raum. Jemand, der ihm unter den Rücken greift und ihn im Bett aufrichtet. Er müsste doch jetzt umfallen, ohne Beine. Er wird wohl auch noch an Beinen getragen. Es gibt sie wohl noch. Aber Pierre kann sich nicht erreichen. Jemand, der ihm Arme über die Brust legt. Arme? Pierre kann sie nicht erreichen. Auch die Hände nicht, die Finger. Er hatte angefangen zu morsen, bei der Marine. Das war seine Aufgabe in der Armee. Da hatte er einen Platz gefunden und Arbeit. Und einen Freund. Jetzt kann er mit seinen Fingern nichts mehr tun.

Ganz langsam kommt Pierre an in der Welt, die ihn umgibt. Spürt, wie viele Menschen in den Raum kommen und wieder gehen. Riecht, was für Behandlungen er erfährt. Riecht durchs Fenster und an den Kleidern der Menschen, wie das Jahr voranschreitet, Herbst wird und Winter. Spürt einmal die große Unruhe, ja Hektik im Stock unter sich und dann die Totenstille, und dann riecht er irgendwann Chloroform. Jemand muss gestorben sein. Wochen- und monatelang sammelt Pierre die Erinnerungen an sein voriges Leben zusammen und lernt, seine Umgebung zu deuten aus Gespür und Geruch. Und Martha streicht ihm über die Stirn, begrüßend, wie fragend, tröstend. Sitzt neben seinem Bett, in ihrer Essenspause, vielleicht lesend.

Eines Tages kommt eine andere Person ans Bett, so rasch, mit leichtem Parfum. Martha geht. Die andere drückt auf seine Stirn. Unangenehm. Was soll das? Pierre wünscht sie weg. Aber das geschieht immer wieder. Die Frau, die er bei sich Meggie nennt, kommt, verdrängt Martha und drückt fest auf seiner Stirn herum. Eines Tages fängt sie auch noch an zu klopfen. Tock tock. Immer auf seiner Stirn herum zu hämmern. Pierre verwünscht sie. Das geschieht immer wieder. Warum will sie ihn ärgern, ihn quälen. Sie soll ihn in Ruhe lassen. Er ist doch gar nicht da, er ist doch tot. Mit den Schultern kann er sich noch ein kleines bisschen bewegen. Er wehrt sich so gut er kann. Es hilft nichts. Wochenlang dieses Geklopfe. Tock – Tock – tock tock tock. Sinnloses Leben. Und jetzt noch diese Qual. Wenn er könnte, würde er sich umbringen.

Einmal kann er sich nicht mehr auflehnen. Einmal weckt das Tock Tock plötzlich Erinnerungen. Die Marine. Der Ausbilder. Das Zimmerchen. Tock Tock. Nachrichten. Gemorst. Mein Gott! Plötzlich fängt Pierre an zu beten. Mein Gott! Nicht so dahin gesagt, dahin geflucht wohl gar. Mein Gott! Lass sie nicht aufhören! Wie lange kommt sie schon und versucht es? Lass sie nur jetzt nicht aufhören! „Sie", das letzte Wort hieß „Sie". Sie soll nur wieder kommen. Sie soll nur jetzt nicht sagen: Es

hat keinen Zweck; er begreift es nicht. Gott, lass Meggie wieder kommen! Und dann, mach langsam, Meggie, langsam, ich habe so lange keine Übung mehr.
Meggie kommt wieder. Sie klopft auf seine Stirn. Pierre rüttelt die Schultern, wie früher schon, um sich zu wehren. Aber jetzt vor Aufregung, vor Freude. WENN SIE MICH VERSTEHEN BLEIBEN SIE JETZT RUHIG LIEGEN. Pierre bleibt starr. Er hält gar den Atem an. Und er merkt, dass auch Meggie einen Moment den Atem anhält. In Pierre explodiert ein Jubel. Wie Jahrmarktslärm und Karussellmusik, Marschblasen für die Kompanie und Siegerehrung nach der Tour, alles auf einmal. Er hat sie verstanden. Sie hat ihn verstanden. Jemand, mit der er sich verständigen kann. Jemand, die ihn heraus holt aus dem Grab, das sein Körper geworden ist. Jemand, die ihm wieder ins Leben unter den Menschen hilft.
Meggie kommt wieder und wieder. Pierre hat etwas in seinen Tagen, worauf er gespannt sein kann und sich freuen. Sie spricht zu ihm über das Klopfen auf die Stirn, sie liest ihm Bücher, gemorst, sie gibt ihm Antworten vor und wie er sie geben kann, mit ein bisschen Bewegung in den Schultern, mit kleinsten Zeichen mit dem Kopf, mit dem Atem. Sie hat einmal eine Geschichte gelesen, von einem Johnny, ein Schicksal aus dem zweiten Weltkrieg, ähnlich dem Pierres. So kam sie auf die Idee, ihn zu rufen mit ihrem Klopfen.
Eines Tages mischt sich in die Erwartung, in die Vorfreude auf Meggies nächsten Besuch der Zweifel, nagt und verdirbt: Wird sie nicht gehen, andere Patienten zu rufen versuchen? In dieser Klinik liegen viele, die so dran sind wie Pierre. Eines Tages wird ihre Arbeit bei ihm getan sein. Aber Meggie kommt immer wieder. Mit ihrer Hilfe macht ein Pfleger eine Ausfahrt mit Pierre. Er hört und riecht den erwachenden Frühling ringsum und die Weite einer Welt außerhalb von vier Wänden. Für Pierre beginnt ein neues Leben.
Die Geschichte erzählt Jean Coué in seinem Buch „Pierre lebt“.
Ja, Tau der Lichtkräfte ist dein Tau. Wacht auf und jubelt, die ihr im Staub liegt!
Amen.

Ostern 2007 rk. Messe mit ev. Predigt

Alttestamentliche Lesung: Hosea 6,1-3 Evangelium: Lukas 24,1-12

José Saramago, Die Stadt der Blinden

... hinabgestiegen in das Reich des Todes, am dritten Tage auferstanden von den Toten ...

Liebe Gemeinde,

Christus ist auferstanden! Er ist wahrhaftig auferstanden! So begrüßen sich heute vor allem die orthodoxen Christen. In diesem Jahr feiern sie gleichzeitig mit uns Ostern. Christus kehrt zurück aus dem Reich des Todes – am dritten Tage. Auferstehung geschieht nicht von gleich auf jetzt, nicht von heute auf morgen. Es vergeht eine Zeit vom letzten Passahmahl Jesu mit seinen Jüngern bis zu seiner Auferweckung in Gottes Lebendigkeit. Und nur einen Teil davon begleiten wir als Kreuzweg, ein anderer Teil bleibt Jesu Christi einsamer und geheimnisvoller Weg durch das Reich des Todes. Wir, getauft auf Jesu Namen, gehen selber Leidenswege und Kreuzwege und schließlich in den Tod, und dies alles bleiben Wege, die ihre Zeit brauchen. Aber wir kennen das Ziel, uns leuchtet die Aussicht, dass wir auferweckt werden mit Christus. Zum Weg durch das Reich des Todes in das neue Leben möchte ich heute etwas erzählen.

Rauch zieht durch die Flure der geschlossenen Anstalt. Im letzten Saal links verzehren die Flammen schon alles, was sie erreichen können, Decken, Essenskisten, Männer. Die Hitze lässt die Scheiben zerspringen und der Luftzug facht das Feuer an. Schreiend laufen Menschen aus den anderen Sälen hinaus und durch die Gänge, ziellos, stolpernd, weinend. Manche brechen durch die Türen in den kleinen Innenhof, aber mit seinen Bäumen wird er keinen Schutz bieten, wenn erst der ganze Komplex brennt. Wirklich hinaus zu den Toren flieht niemand. Teils finden sie den Weg nicht, denn diese Menschen sind alle blind. Vor allem aber wagen sie keinen Schritt in den Vorhof, schon andere haben dort ihr Leben unter Schüssen gelassen. Die Anstalt ist streng bewacht. Durch das ganze Durcheinander bahnt sich mit einem Mal zielstrebig eine Frau ihren Weg. Mit der Linken hält sie die Hand eines kleinen Jungen umklammert, mit dem rechten Arm klemmt sie den Arm eines Mannes fest. Sie ruft, dass man sie durchlassen solle, sie wolle mit den Soldaten sprechen, und kämpft sich zum Ausgang der Anstalt vor. Wie kann sie ihren Weg so sicher finden? Sie kann sehen. Sie ist die einzige unter den an die 300 Leuten, die sehen kann. An den Mann, an den Jungen, an ihre Schultern hängen sich andere, die hoffen, in ihrem Schlepptau den Flammen zu entkommen. Wenn das Feuer erst das Dach weggebrannt hat, wird das ganze verdreckte, stinkende Haus in einem Inferno untergehen. Da ist es schon wahrscheinlicher, dass sie den Kugeln der Soldaten entkommen. Der Vorhof ist erleuchtet vom zuckenden Schein des Feuers. Die Frau ruft in die Dunkelheit hinter dem Tor: „Bitte, bei eurem Seelenfrieden, lasst uns hinaus." Keine Antwort. Der Scheinwerfer am

Wachhäuschen ist erloschen. Alles bleibt still jenseits der Mauer. Zögernd geht die Frau weiter und weiter, mit sich den kleinen Jungen und den Mann und nach und nach alle, die sich an sie gehängt hatten. Schließlich öffnet sie das Tor. Niemand da. Die Soldaten sind fortgegangen, wahrscheinlich sind sie auch blind geworden. „Wir sind frei!" ruft die Frau. In dem Moment stürzt das Dach des linken Anstaltsflügels ein. Das Feuer schlägt zum Himmel, Menschen stürzen schreiend hinaus, wer den Weg noch fand und wer nicht unter die Füße der Fliehenden geriet. Das Tor steht offen, die Internierten ziehen frei.

Die Szene stammt aus dem Roman „Die Stadt der Blinden" des spanischen Literatur-Nobelpreisträgers José Saramago. Mitten im Roman hat Saramago mit Worten ein Bild gezeichnet, das der orthodoxen Ikone für das Osterfest gleicht. Das heilige Bild für die Anastasis, die Auferstehung, zeigt Christus unter der Erde, wie in einer Höhle. Er steht auf den zerschlagenen und gekreuzten Torflügeln zur Hölle, die Splitter von Schloss und Schlüsseln stürzen in eine unergründliche Tiefe. Nach seiner rechten Seite gewandt, zieht Christus „Adam" aus dem geöffneten Steinsarg, den Menschen schlechthin ins Leben. An Adams Arm klammert sich Eva, und hinter ihr, in einer Reihe, die ins Unbestimmte verschwindet, hängen sich andere Menschen an. Christus, der Erstling der Entschlafenen, ist durch die Hölle gegangen und befreit nun alle Menschen ins ewige Leben. Zu seiner Linken stehen die Heiligen, die selbst aus ihren Gräbern erstehen können. – Hinabgestiegen in das Reich des Todes, am dritten Tage auferstanden von den Toten. So bekennen wir Christus, darum feiern wir Ostern.

Die Bildmotive aus der Zeit der Alten Kirche und die Bekenntnisse aus der Zeit der Alten Kirche stellen ein kosmisches Geschehen dar: die Macht des Todes und der Unterwelt wird besiegt. Bildlich sprechen wir heute manchmal von Himmel und Unterwelt für geistige Orte. Aber wir teilen die Vorstellung nicht mehr. Die mittelalterliche Fantasie hat später ausgemalt, was für ein Ort der Qualen die Hölle ist. Wir neuzeitlichen Menschen wissen, dass unsere bewohnte Erde selbst der Ort ist, an dem Menschen Leidenswege durchmachen, oder gar Höllenqualen leiden. So auch in Saramagos Roman. Aber die von blinder Angst und blinder Gewalt entstellte Welt wird zu einem Durchgang. Sehenden Auges macht die Frau des Arztes ihn gangbar und führt in ein neues Leben im Licht sehender Augen.

Die Blindheit, ein weißes, diffuses Licht, befällt zuerst einen Mann plötzlich auf der Fahrt von der Arbeit nachhause. Er sucht einen Augenarzt auf, der ihn untersucht und einfach gar keinen physiologischen Grund für die Sehunfähigkeit entdecken kann. Noch während der Arzt in der Nacht seine Bücher studiert, wird auch er blind, sowie, nach und nach, alle seine Patienten, die das Wartezimmer kurzfristig mit dem ersten Blinden geteilt hatten. Zum Teil erfährt er davon und berichtet dem Ministerium. Die Regierung befürchtet eine Pandemie und lässt den Arzt als einen der ersten internieren. Die Frau des Arztes ist ihm in langer, liebevoller Gemeinschaft verbunden. Als er abgeholt werden soll, schlüpft auch sie in das Taxi. Dem Fahrer sagt sie: „Mich müssen sie auch mitnehmen, ich bin soeben erblindet." In Wahrheit kann sie noch sehen, will aber auf jeden Fall ihren Mann begleiten; blind, wie er ist, wird er sich ja gar nicht allein zurecht finden. Einmal mit eingezogen in die schmutzig-gelb erleuchtete Anstalt, kann sie nicht mehr zurück, denn wegen der offenbaren Ansteckungsgefahr hätte niemand sie mehr hinaus gelassen. Die Internierten sind abgeriegelt von der Außenwelt. Sehenden Auges erleidet die Frau des Arztes ihr ganzes Schicksal mit.

Sie muss zusehen, wie das Haus sich füllt, sechs Säle mit jeweils 40 Pritschen und deutlich mehr Bewohnern, und wie es allmählich im mittelalterlichen Sinne zu einer Hölle wird. Die Klos, die Gänge, die Menschen, die Pritschen verdrecken, die Luft in den geschlossenen Räumen und Fluren wird zum Gestank, die marode Wasserversorgung und Kanalisation bricht zusammen, die Essenslieferungen werden knapp. Das meiste kann sie nur mit ansehen, allein ist sie hilflos, während Dreck und Diebe, Gestank und Krankheiten, Fliegen, Hunger und Durst zunehmen. Sie hält lange Zeit geheim, dass sie sehen kann. Immer, wenn sie erwägt sich zu offenbaren, hält ihr Mann sie zurück. Sie würde ja nur zur Sklavin aller gemacht und binnen kurzem an Erschöpfung zusammen brechen oder aus Neid umgebracht werden. – Saramagos Roman ist als eine Art Gleichnis angelegt, und so ist es nicht verwunderlich, wenn wir uns vielleicht selbst wieder erkennen in dieser Frau und in dem Zuviel an Elend, das sie um sich sieht und nicht ändern kann.

Die Frau des Arztes tut aber, was in ihren Möglichkeiten liegt. Sehenden Auges kann sie hier und da das Los der Internierten erleichtern mit den selbstverständlichsten Dingen, die plötzlich entscheidend werden. Ein Streit bricht aus, wer wen angesteckt hat, wer Schuld ist an wessen Blindheit. Ihre sachlichen Worte helfen nur zum Teil. Als zwei sich schlagen, führt sie ihren Mann zur Verstärkung und trennt sie. Sie knüpft ein Seil, damit sich die Blinden, die die Essenskisten am Ausgang abholen, den Weg finden. Später wäscht sie einem Mann eine Wunde aus. So unauffällig sie kann, sorgt sie für eine halbwegs gerechte Verteilung des Essens im Saal, organisiert eine ordentliche Warteschlange. Später die Abfallentsorgung. Als ein Mann stirbt, fordert sie von den Soldaten Hacken und Schaufeln ein, damit er, mühselig genug, in der festgetrampelten Erde des Innenhofs begraben werden kann. Sie zeigt Verständnis für die Soldaten, die aus großer Angst ihre Pflicht übergenau nehmen, im plötzlichen Schrecken einmal zwei Blinde sinnlos erschießen. Hegt Sympathie für Männer und Frauen, die sich ohne Intimsphäre lieben. Als das Haus voll belegt ist, sucht sie nach einer gerechten Verteilung der Essenskisten, was aber unter den Blinden immer ein Problem bleibt. Kurzum, die Frau mit den sehenden Augen bewahrt die Achtung vor sich selbst und vor den Personen rings um sie her, sie sorgt für ein gewisses Maß an Ordnung und friedlichem Umgang und alles in allem dafür, dass diese Leute Menschen bleiben und nicht zu einer Art Tieren

werden. Und sie hält die Hoffnung auf eine Zukunft wach, in der wieder alle sehen können. So geht sie und führt sie durch die Zeit der Entwürdigung. – In vielen biblischen Geschichten werden Blinde sehend, die Vertrauen in Jesus Christus fassen. So kann die Frau des Arztes, wie sie mit den Augen und mit dem Herzen sieht, als Gleichnis für uns in unserem Glauben an Christus stehen. Unerklärlicher Weise bleibt sie sehend, so wie auch wir unseren Glauben nicht selbst in der Hand haben. Die ganze Welt ist in der Anstalt. Ein Mann mit Pistole reißt die Macht an sich. Er duldet nur eine kleine Besetzung in seinem Saal, und diese Männer raffen alle Essenskisten an sich, sowie sie geliefert werden, und geben nur gegen Bezahlung Nahrungsmittel ab. Die anderen hungern. Zunächst besteht die Bezahlung in allen Wertsachen, die die Menschen mit in die Internierung brachten. Später fordert die Clique Frauen zur Vergewaltigung. Die Frau des Arztes ist die erste, die um des Überlebens willen bereit ist, diese „Bezahlung" zu liefern. Später organisiert sie Widerstand gegen die gewaltsame Gruppe und eröffnet nun doch den Nahestehenden aus ihrem Saal, dass sie sehen kann. Während drinnen Mut und Solidarität eine Hoffnung auf Frieden anzünden, fallen vor dem Tor und in den Sälen die Lichter aus. Es kommt zu Gewalttätigkeiten und Brandstiftung und zu dem Feuer in der Anstalt, und die Frau des Arztes führt die Blinden aus ihrer Hölle hinaus.
Die Höllenqualen auf dieser Erde sind zunächst beschränkt auf das Leben in der geschlossenen Anstalt, überbelegt mit hunderten blinder Menschen. Als sie freiziehen, stellt sich heraus, dass inzwischen die ganze Stadt und vermutlich das ganze Land mit Blindheit geschlagen ist. Das Leben draußen unterscheidet sich kaum von dem in der Internierung. Die Frau des Arztes führt die kleine Gruppe mit ihrem Mann und seinen Patienten jenes schicksalhaften Tages zu ihrer Wohnung, sorgt für ihre Reinigung mit Regenwasser, sucht in den geplünderten Läden nach Lebensmitteln, hält die Zuversicht wach und tut, was sie nur kann. Eines Tages bricht sie vor Erschöpfung zusammen, rettet sich, zusammen mit ihrem Mann in eine Kirche, die ist voll belegt mit obdachlosen Blinden. Da entdeckt sie, dass alle Heiligen in der Kirche, alle Statuen und alle Gemälde, von Christus am Kreuz bis hin zum Lokalheiligen, weiße Binden vor den Augen tragen, um den Kopf geschlungen oder vor das Gesicht gemalt. Alle Augen weiß übertüncht, mit Ausnahme von einer einzigen Frau, die nämlich ihre Augen vor sich auf einem Tablett trägt. Die Frau des Arztes teilt mit, was sie entdeckt hat. Der Erzähler berichtet von einer abergläubischen Panik, die unter den Blinden ausbricht und sie aus der Kirche fliehen lässt. Nur die Frau des Arztes und ihr Mann warten ab. Es bleibt offen, ob jemand aus Verzweiflung über die um sich greifende Blindheit alle die heiligen Augen verhüllte, oder ob es doch umgekehrt war? Dass erst aller Glaube aus der Welt getrieben wurde, so dass sie der Blindheit verfiel? Jedenfalls, am Abend jenes Tages wird der erste Blinde als erster wieder sehend.

Liebe Gemeinde, die Frau des Arztes, die einzige, die von Anfang bis Ende sehen kann, ist keine überirdische Erlöserfigur. Aber sie lässt durchscheinen, wie der Mensch Jesus dazu gekommen sein mag, seinen Weg in den Tod auf sich zu nehmen, durchzugehen bis zur Auferstehung. In unerschütterlicher Treue zu dem Menschen, den sie liebte. Im Mut, das Leben so gut wie möglich erträglich zu machen. In der Bereitschaft, ihre persönlichen Möglichkeiten für die Gemeinschaft einzusetzen. Und sie gibt ein Bild dafür, was es für uns heißen kann, nach der Auferstehung und im Glauben an Jesus Christus unsere Wege zu gehen, auch schwere Wege durchzugehen, denn:

Nach zwei Tagen gibt er uns das Leben zurück,

am dritten Tag richtet er uns wieder auf,

und wir leben vor seinem Angesicht. Amen.

Pfingsten

Pfingsten 2002 rk. Messe mit ev. Predigt
Schriftlesung: Römer 8,14-17 Evangelium: Johannes 16,12-15
Filmgeschichte Tom Tykwer, Lola rennt

Herzen gehen auf, Zungen lösen sich, Türen springen auf. Beklemmende Angst wandelt sich und stattdessen steht für Jesu Jünger der weite Raum offen: die Stadt, das Fest, das freie Bekenntnis. Liebe Gemeinde, wenn ich mir das Pfingstereignis vorstelle, muss ich immer erleichtert aufatmen. Erst ein verrammeltes Zimmer, viel zu eng für die vielen Menschen darin, dicke Luft von den angstvollen Vorstellungen, wie das Fest für sie verlaufen wird. Und dann, aus dieser umfassenden Beklemmung, bricht Freude auf und Zuversicht und solches Vertrauen in den auferstandenen Christus, dass alle Angst und bittere Erinnerung mitgerissen werden in die Begeisterung.
Aufatmen hat tatsächlich direkt mit dem lebendigen Geist zu tun. Geist im biblischen Sinn ist Atem, Atem Gottes und Atem eines Menschen, der Atem als seine und ihre Lebenskraft. Geist ist zunächst der Atem der Schöpfungsgeschichte. Gott blies dem Wesen aus Fleisch und Knochen seinen Atem ein. Eine Menschengestalt gab es schon. Aber mit Gottes Geist kamen Lebenswille und Lebensfreude und Lebenslust in den Menschen. Dann hat sich der Mensch als zwei verschiedene erkannt und ausgerufen: Fleisch von meinem Fleisch und Bein von meinem Bein! So fremd ist uns der Ruf, meine ich, nicht: wie hoch schlagen die Herzen von Eltern immer wieder, wenn sie ihre Kinder sehen und etwa so denken: Fleisch von meinem Fleisch und Bein von meinem Bein, meine Kinder! Aber die Lebensfreude eines Menschenkindes hängt nicht am Fleisch und Bein. Sie hängt daran, dass der Schöpfer seinen Atem dazugibt. Stellen Sie sich vor, was Gott ruft: Atem von meinem Atem, Geist von meinem Geist! Mit dem Stolz und Glück zufriedener Eltern sieht Gott uns an, seine Kinder!
Gottes Schöpfungsatem ist mein Atem. Es ist nun menschliche Erfahrung von je her, dass wir diesen Atem als „meinen“ Atem ansehen, ganz und gar meinen und nur meinen. Die Verbindung zu Gott geht verloren. Dass der Atem von Gott her kommt und Gott sich daran freut – Atem von meinem Atem! – gerät in Vergessenheit. Je mehr der Atem aber nur noch „mein“ Atem ist, desto schwächer und kürzer wird er. Oft können wir das ja körperlich spüren. Der Atem füllt gar nicht mehr den ganzen Leib vor Angst oder vor pausenloser Anspannung. Vom Zwerchfell gestoppt und vom Hals gezwängt, kann er nicht mehr erquicken.
Wenn dann hinzu kommt, dass auch die Verbindung zu vertrauenswürdigen Menschen verloren geht und auch von Menschen die Bestätigung und Anerkennung ausfällt, dann wird es lebensgefähr-

lich. Der Bielefelder Sozialwissenschaftler Heitmeyer hat seine Einschätzung zu den Morden von Erfurt gegeben. Er meint, dass bei Amokläufen so etwas passiert ist. Ein Mensch hat so vollkommen die Wertschätzung und Anerkennung seines eigenen Lebens und seiner eigenen Person verloren, dass es ihm möglich wird, auch andere Menschenleben für nichts zu achten. Eine gewaltige gewalttätige Tat soll dann die Anerkennung schaffen – und wenn sie in Todesangst besteht. Hier ist die Quelle für den menschlichen Atem ganz verloren gegangen. Und der eigene Atem ist schon fast erstickt. Und dann müssen Menschen reihenweise ihren Geist aufgeben.

Der Geist von Pfingsten aber, der Geist Jesu Christi ist gekommen, um die Menschen wieder aufatmen zu lassen. Der Atem von Pfingsten ist gekommen, die Verbindung zwischen unserem Atem und Gott in Jesus Christus wieder herzustellen.

Ich lese noch einmal aus dem Römerbrief:

Welche der Geist Gottes treibt, die sind Gottes Kinder. Denn ihr habt nicht einen Geist der Knechtschaft empfangen, so dass ihr euch wieder fürchten müsstet, sondern einen Geist von der Einsetzung an Kindes statt, in dem wir rufen: Abba, Vater!

Der Geist selbst bestätigt unserm Geist, dass wir Gottes Kinder sind. Sind wir aber Kinder, so sind wir auch Erben: einerseits Erben Gottes, andererseits Miterben Christi, wenn nämlich wir mit leiden, damit wir auch mit verherrlicht werden.

Liebe Gemeinde,

Der Geist bestätigt unserm Geist, dass wir Gottes Kinder sind, Gottes Erben und Miterben Christi. Der Geist von Pfingsten spricht unserem Geist zu. Der Atem von Jesus Christus her gesellt sich zu unserem Atem und schafft ihm wieder Raum. Raum in Hals und Brust und Leib. Raum, unseren ganzen Körper aufzurichten und zu erquicken. Er schafft auch Raum für unsere Vorstellungen und Phantasien und Gedanken an die Zukunft. Der Geist spricht uns zu: Gott nimmt dich wahr. Gott freut sich an seinem Atem in dir. Gott will, dass du dein Leben lebst. Wenn die eine Stimme in uns wieder sagen will: wozu führt das denn überhaupt? Oder: so kann ich nicht mehr leben! Oder: ich schaffe es nie, aber es gibt keine andere Möglichkeit! Dann spricht der Geist unserem Geist zu, widerspricht allem, was das Leben schlecht machen will, widerspricht aller Aussichtslosigkeit.

Für dieses Gegenüber in uns, diesen Fürsprecher zum Leben finde ich ein schönes Beispiel in dem Film „Lola rennt." Von ihm will ich in Auswahl erzählen. Lolas Freund hat als Helfershelfer bei einem Drogendeal mitgemacht und die Tüte mit den 100.000 DM in der S-Bahn stehen lassen. Man sieht noch, dass ein Penner, einziger weiterer Fahrgast im Abteil, die Tasche an sich nimmt. Völlig verzweifelt ruft Manni bei Lola an. Noch 20 Minuten hat er, bis er das Geld abliefern muss – andernfalls fürchtet er, beseitigt zu werden. Er fängt an zu schreien vor Wut auf sich selbst und vor Angst. Nimmt sich vor, in den nahegelegenen Supermarkt einzudringen und die Kassen auszurau-

ben. „Warte!“, beschwört ihn Lola. „Tu nichts. Mir fällt immer was ein.“ Wer ihr schließlich einfällt, ist ihr Vater, der bei einer Bank arbeitet. Aber während sie dorthin läuft und läuft ohne anzuhalten, ist schon deutlich, dass er ihr nicht helfen wird. Er stellt sie zurück in den Aufzug, eröffnet ihr noch, dass er gar nicht ihr Vater ist und sich nun auch endlich von ihrer Mutter trennen wird und weist den Portier an, Lola aus dem Haus zu schaffen. Wie vor den Kopf geschlagen, läuft Lola trotzdem zu der vereinbarten Telefonzelle und dem Supermarkt, aber sie kommt zu spät. Ihr Freund steht schon im Laden, bewaffnet, schickt sich an zum Raub. Lola sieht keine andere Möglichkeit, als ihm zu helfen. Auf der Flucht vor der anrückenden Polizei wird sie lebensgefährlich angeschossen. Dem Tode nahe beginnt sie ein inneres Gespräch mit ihrem Freund. Soll sie nicht gehen? Hat es noch Sinn zurück zu kommen? Am Ende beschließt sie, doch ins Leben zurück zu kehren.
Und da – beginnt die Geschichte noch einmal. Noch einmal rennt Lola aus dem Haus. Diesmal trifft sie ihren Vater mit seiner Geliebten in verunsicherter Stimmung. Dass er sie abweist, ihr die Wahrheit über die Familienverhältnisse sagt und die Scheidung ankündigt, läßt in ihr Wut hochkochen. Sie entwendet dem Portier seine Waffe und zwingt den Vater und einen Angestellten an der Kasse, ihr 100.000 zu geben. Die umzingelnde Polizei erkennt sie nicht als die Räuberin. Sie erreicht rechtzeitig den Supermarkt. Aber ihr Freund, unvorsichtig, wird von einem heranrasenden Krankenwagen überfahren. Diesmal hält er das Zwiegespräch eines Sterbenden. Stellt sich Lola vor, wie sie ihn vergisst, wenn er tot ist. Lola sagt: Nun bist du aber nicht tot, Manni. Da entschließt auch er sich, ins Leben zurückzukommen.
Noch ein Mal beginnt die Szene mit Lola, die aus ihrer Wohnung rennt. Diesmal begegnet sie dem Vater gar nicht. Von ferne sieht sie, wie er von einem Fahrer zu einem Termin abgeholt wird. Diesmal nimmt sie das Fahrrad, das ihr schon die vorigen Male von einem Junkie angeboten wurde. Sie schwingt sich auf und sagt so – zu einer Vorsehung? Zu Gott? Zu ihrer eigenen Phantasie? – sie sagt: „Hilf mir! Dies eine Mal. Was soll ich tun? Ich werde einfach weiterfahren. Ich warte. Ich warte.“ Und fährt. Sie kommt zum Halten vor einem Laster, der sie fast überfahren hätte, und so sieht sie, dass sie vor dem Kasino steht. Sie beschwört die Kassiererin, sie einzulassen, trotz Jeans und T-Shirt, sie spielen zu lassen, obwohl ihr eine Mark auf 100.- fehlt. Sie spielt zwei Runden und gewinnt sich die nötige Summe zusammen. Kommt zum Treffpunkt – und Manni ist nicht da. Dann sieht sie ihn, wenig entfernt, an einer schwarzen Limousine mit einem Mann verhandeln und zu ihr kommen. Manni hatte inzwischen den Penner getroffen. Er hat ihn verfolgt, obwohl er inzwischen auf einem Fahrrad saß, und schließlich erreicht. Der Penner willigte ein, ihm das Geld zurückzugeben, falls Manni ihm seine Pistole gäbe. Einige spannende Sekunden lang entscheidet sich Manni, dem Penner zu vertrauen, ihm die Waffe zu geben und von ihm weg zu gehen. So haben Lola und

er sich am Ende lebend und gesund, haben sich selbst geholfen und noch eine Menge Geld hinzugewonnen.

Ich erzähle die Geschichten wegen der inneren Reden, wegen der Stimmen, die zusprechen und die immer dem Leben das Wort reden. Es geht um den Geist, der unserem Geist zuspricht und der immer noch eine andere Möglichkeit sieht. Der den Gesetzmäßigkeiten und logisch zwingenden Folgen widerspricht. Was ist denn die wahrscheinliche Variante? Die erste? Weil sie die erste ist? Oder weil in ihr die Hauptpersonen allein und machtlos sind? Oder weil alles so abläuft, wie man es sich ausrechnen kann? Oder ist die letzte Version wahrscheinlich, die, in der Lolas Behauptung wahr wird: mir fällt immer was ein. Ist sie nur unwahrscheinlich, weil da Menschen sich gegenseitig helfen, kooperieren? Ist sie nur unwahrscheinlich, weil ein Spielgewinn mit wirklich errechenbar geringer Wahrscheinlichkeit vorkommt? Sie hätte diesen Spielgewinn ja nicht gebraucht. Welche Variante ist wahr-scheinlich, welche erzählt etwas Wahres über das Leben mit Gottes Geist? Trauen wir tatsächlich der ersten, in der der menschliche Lebensatem so offensichtlich allein bleibt, nur der eigene ist und am Ende fast ausgehaucht?

Der Geist von Pfingsten bestätigt unserem Geist, dass wir Gottes Kinder sind. Sind wir aber Kinder, so sind wir auch Erben, Erben Gottes und Miterben Christi, wenn nämlich wir mit leiden, damit wir auch mit verherrlicht werden. Amen

Reformation

Luthers Rückblick auf seine Entdeckung der ‚Gerechtigkeit Gottes„ (1545)

Ich war von einer wundersamen Leidenschaft gepackt worden, Paulus in seinem Römerbrief kennenzulernen, aber bis dahin hatte mir nicht die Kälte meines Herzens, sondern ein einziges Wort im Wege gestanden, das im ersten Kapitel steht: „Die Gerechtigkeit Gottes wird in ihm (dem Evangelium) offenbart“ [Röm 1,17]. Ich hatte nämlich dieses Wort ‚Gerechigkeit Gottes„ zu hassen gelernt, das ich ... als aktive Gerechtigkeit zu verstehen gelernt hatte, mit der Gott gerecht ist, nach der er Sünder und Ungerechte straft. – Ich aber, der ich trotz meines untadeligen Lebens als Mönch, mich vor Gott als Sünder mit durch und durch unruhigem Gewissen fühlte und auch nicht darauf vertrauen konnte, ich sei durch meine Genugtuung mit Gott versöhnt: ich liebte nicht, ja, ich hasste diesen gerechten Gott, der Sünder straft; ... So raste ich in meinem wütenden, durch und durch verwirrten Gewissen und klopfte unverschämt bei Paulus an dieser Stelle an, mit heißestem Durst zu wissen, was St. Paulus damit sagen will. – Endlich achtete ich in Tag und Nacht währendem Nachsinnen durch Gottes Erbarmen auf die Verbindung der Worte, nämlich: „Die Gerechtigkeit Gottes wird in ihm offenbart, wie geschrieben steht [Hab 1,4]: ‚Der Gerechte lebt aus dem Glauben„“ Da habe ich angefangen, die Gerechtigkeit Gottes so zu begreifen, dass der Gerechte durch sie als durch Gottes Geschenk lebt, nämlich aus Glauben; ich begriff, dass dies der Sinn ist: offenbart wird durch das Evangelium die Gerechtigkeit Gottes, nämlich die passive, durch die uns Gott, der Barmherzige, durch den Glauben rechtfertigt, wie geschrieben steht: „Der Gerechte lebt aus dem Glauben“. Nun fühlte ich mich ganz und gar neugeboren und durch offene Pforten in das Pardies selbst eingetreten. Da zeigte sich mir sogleich die ganze Schrift von einer anderen Seite. Von daher durchlief ich die Schrift, wie ich sie im Gedächtnis hatte, und las auch in anderen Ausdrücken die gleiche Struktur, wie: ‚das Werk Gottes„ d.h. was Gott in uns wirkt, ‚die Kraft Gottes„ mit der er uns kräftig macht, ‚die Weisheit Gottes„ mit der er uns weise macht, ‚die Stärke Gottes„ ‚das Heil Gottes„ ‚die Herrlichkeit Gottes„ Nun, mit wieviel Hass ich früher das Wort ‚Gerechtigkeit Gottes„ gehasst hatte, mit umso größerer Liebe pries ich dieses Wort als das für mich süßeste; so sehr war mir diese Paulusstelle wirklich die Pforte zum Paradies.

Matthäus 5,2-10 Reformationsfest 2.11.2003

Aline Valangin, Die Nahmaschine, in: Stella. Und andere Tessiner Erzählungen

[Als Schriftlesung Luthers Rückblick auf seine reformatorische Entdeckung, gekürzt]

Luther im siebten Himmel. Ein Mann von 36 Jahren ist glückselig – und worüber? Dass er eine Bibelstelle begriffen hat! Liebe Gemeinde, selbst unter uns treuen Sonntag Morgen Gottesdienstbesuchern sind wahrscheinlich wenige, die das nachvollziehen können. Was hat ihn eigentlich so glücklich gemacht an der Gerechtigkeit aus Glauben? Ich möchte verstehen, was ihn gefühlsmäßig so bewegt hat. Und mir scheint, es war die Anerkennung. Luther hat Anerkennung gefunden bei der Bezugsperson, die für ihn die wichtigste war im Leben, bei Gott selbst. Er hat begriffen, dass Gott ihn wahrnimmt, auch wenn er nicht im Stande ist, durch Gehorsam und Tüchtigkeit auf sich aufmerksam zu machen, und dass Gott ihn mit Aufmerksamkeit und Zuwendung beschenkt. Luther war „ins Paradies selbst eingetreten."

Und wir heute? Es ist ein bisschen Mode geworden zu fragen, was denn Glück sei. Die letzte Shell Jugendstudie hat unter anderem ergeben, dass die meisten jungen Menschen zu ihrem Glück an erster Stelle eine verlässliche und lebendige Partnerbeziehung ersehnen oder erleben. Meinem weniger fundierten Eindruck nach steht mindestens an zweiter Stelle für sehr viele Menschen der Erfolg, beruflicher Erfolg oder auch der in einem ausgeprägten Hobby. Glück durch Erfolg ist in gewisser Weise leichter zu haben, da kann man nämlich etwas tun. Und das Schöne und Reizvolle am Erfolg ist: man bekommt Anerkennung. Einzelpersonen, Firmen und zunehmend auch die Kirchen suchen sich Ratschläge, wie sie Erfolg haben und damit Anerkennung finden können. Die hören sich etwa so an:

Erfolgreich ist, wer sich Ziele setzt und nicht gering von sich denkt.

Erfolgreich ist, wer positiv denkt, dafür sorgt, dass er immer wieder Freude hat, und gewinnend auf andere zugeht.

Erfolgreich ist, wer rechtzeitig lernt sich durchzusetzen, und sich nicht auf der Nase herumtanzen lässt.

Erfolgreich ist, wer seine Ziele oder die seiner Gruppe klar im Auge behält und sich nicht von den Interessen anderer beeinträchtigen lässt.

Erfolgreich ist, wer seine Kräfte und Ressourcen gut einteilt und zusammenhält.

Erfolgreich ist, wer sich, wenn es nötig ist, stark macht für sein Recht.

Liebe Gemeinde, es ist nicht üblich, in unserer Kirche vom Erfolg zu predigen, deswegen nehmen Sie wahrscheinlich an, dass dies alles nur die schwarze Folie sein soll, von der sich wahrhaft christliches Verhalten leuchtend abhebt. Ich habe es aber so nicht gemeint, ich wollte keine Karrikatur zeichnen und hoffe, dass Sie doch wiedererkennen können, was wir heranwachsenden Menschen durchaus ernsthaft als Ratschläge mitgeben, damit sie einen Platz in dieser Welt finden. Ich denke, dass wir uns alle hier nicht zurücklehnen können oder auch nur wollen und sagen: Das sind meine Werte nicht.

Und trotzdem haben wir als christliche Gemeinde natürlich noch andere Wertvorstellungen. Lebenshaltung und Lebensziele, wie wir sie verinnerlicht haben und zu erfüllen suchen, sind zusammengefasst im Evangelium für das Reformationsfest. So hört sich an, wie Jesus Menschen glücklich oder selig preist.

Matthäus 5,2-10

Selig sind die... Acht Worte verheißen Glückseligkeit; und nicht nur das: sie machen selbst glücklich. Das ist jedenfalls das Zeugnis vieler Christen durch die Jahrhunderte. Selig seid ihr – sie sagen es zu und sie wirken es auch. Wie geht das zu? Muss man vielleicht erst so leben, wie sie es vorschreiben, Frieden stiften, für Gerechtigkeit streiten? Aber sind denn die Menschen glücklich, die zwischen den Stühlen der verfeindeten Parteien sitzen – falls sie nicht längst abgesetzt sind – oder die Folter leiden, weil sie den Mund aufmachten? Nein, die Seligpreisungen sind keine Ratschläge, sie sind keine Handlungsanweisungen, nicht zum irdischen Glück und auch nicht zum richtigen Christsein. Sie sind nicht zu Menschen gesprochen, die noch irgend etwas werden müssten. Sie sind zu denen gesprochen, die das schon sind: trauernd, barmherzig, Friedensstifter usw.

Macht denn die Verheißung glücklich, die sie mit sich bringen? Sie werden getröstet werden? Wann denn? Wie denn? Die Seligpreisungen sind nicht einfach eine Verheißung auf einen fernen Tag. Ich meine, sie tun, was sie verheißen, weil Jesus mit ihnen den Menschen genau das gibt, was Luther bei ihm gefunden hat: die Anerkennung. Sie sind ja alle da, unter uns und in der weltweiten Christenheit: die, die ihrer selbst und ihres Glaubens nicht gewiss werden und die, die Barmherzigkeit üben bis zur Erschöpfung und die Trauernden und alle die anderen. Wir selbst können uns in ihnen finden. Und Jesus schenkt Anerkennung. Ich sehe, wie traurig ihr seid, und ihr habt auch Grund dazu; es ist wahr, ihr jagt dem Frieden nach, und es ist nicht vergebens; es ist wahr, ihr setzt euer Leben aufs Spiel für die Gerechtigkeit. Ich sehe es. Und Gott sieht es auch.

Ich möchte ein Beispiel erzählen, sowohl für einen Menschen, sanftmütig und barmherzig und reinen Herzens, als auch für die Anerkennung Christi, vermittelt durch einen Menschen.

Die Schweizer Psychoanalytikerin Aline Valangin zog sich Mitte der 30er Jahre des letzten Jahrhunderts in ein kleines Tal im Tessin zurück und lebte dort mit den bitterarmen Bewohnern ihres Dorfes zusammen. Einige der Begegnungen und Schicksale, die sie in zwei, drei Jahren erlebte, hat sie als Erzählungen veröffentlicht. Sie verband ihre Beobachtungsgabe mit großer Freundlichkeit

und teilte sich den Leuten in einer Weise mit, dass sie sie schätzen konnten und sich von der Gegenwart ihrer „Sciora“ geehrt fühlten.
Im unteren Dorf wohnte Violetta, ein Mädchen von 15, 16 Jahren. Niemand im ganzen Tal und in der weiteren Umgebung konnte so gut und so flink nähen wie sie. Sie hatte das Nähen in der Stadt gelernt. In erster Linie hatte ihr Vater die Möglichkeit gehabt, in der Stadt Arbeit zu finden. Aber nun war Violetta in ihr Heimatdorf zurückgekehrt und bei einer alten Tante untergekommen, sie, zusammen mit ihren drei jüngeren Geschwistern, nachdem beide Eltern binnen kurzer Zeit verstorben waren. Das Nähen war für sie weniger Arbeit als ihr Stolz und ihre Freude, weil sie es so gut konnte. Sie hatte dafür Platz in einer dunklen Kammer, die einmal ein Ziegenstall gewesen war. Die Sciora sprach sie darauf an, dass das Licht doch viel zu schlecht und der Raum zu kalt sei, um dort länger zu arbeiten. Aber Violetta antwortete vergnügt, dass es schon ausreiche und dass eben bei der Tante sonst nirgends Platz sei für die Nähmaschine. Tatsächlich stieß die Sciora auch bei der Tante auf taube Ohren.
Violetta nähte am Abend, um für sich und ihre Geschwister Geld zu verdienen. Der Tante war allerdings viel wichtiger, dass sie ihr über Tag im Weinberg und auf den Wiesen half. Und außerdem brauchte Violetta viel Zeit für den ältesten ihrer Geschwister: der war inzwischen dreizehn Jahre alt, geistig und körperlich behindert und konnte sich in nichts selber helfen. Bei alledem hatte sie ein fröhliches Wesen und eine unerschütterliche Freundlichkeit. Alle mochten sie gern.
Der behinderte Bruder hatte in der Nähkammer einen Stuhl mit einem vorgebauten Tischbrett, in dem er mehr hing, als saß. Sein viel zu großer Kopf mit dem pferdeähnlichen Gesicht sackte ihm schwer über das Brett oder zog ihn zur Seite hinunter, und Violetta richtete ihn immer wieder auf. Viele Stunden sann und dämmerte er nur so vor sich hin. Aber wenn Violetta den Raum betrat oder ihn beim Namen rief, erwachten ganz allmählich seine Lebensgeister, bis er sich ihr schließlich in großem Strahlen zuwandte. Und sie hatte für ihn einen zärtlichen Gesichtsausdruck, der sonst niemandem galt. Während sie an der Maschine saß und nähte, hingen seine Augen unverwandt an ihr. Warf sie ihm ab und zu ein freundliches Wort zu, beantwortete er es so gut er konnte mit einem unverständlichen Gurgeln. Kam jemand an die Tür, um mit Violetta ein paar Worte zu wechseln und die Unterhaltung ging länger, fing er an, mit eben diesen kehligen Lauten sich einzumischen und auf sich aufmerksam zu machen.
Da Violetta nie Zeit hatte, an geselligen Zusammenkünften teil zu nehmen, musste, wer sie treffen wollte, schon zu ihrer Arbeitsstelle kommen. Einer, der anfing, oft und gern noch eine Abendstunde an ihrer Nähkammer zu verbringen, war Valentino. Seine Besuche an der Stalltür wurden regelmäßig und länger, und er half Violetta, den Bruder aufs Klo oder ins Bett zu bringen. Die Sciora begann zu hoffen, dass es für das junge Mädchen noch ein anderes Leben geben könnte, als Mutter-

stelle an ihren Geschwistern zu vertreten. Tatsächlich wollte Valentino die fröhliche Violetta gern heiraten, aber er wollte nicht, dass der Bruder mit in die Ehe käme. Zögernd ließ Violetta sich darauf ein, über einen Platz im Asyl für ihn nachzudenken.

Der Sommer kam und der Bruder wurde krank, so krank, dass der Arzt meinte, er müsse sterben. Die Sciora war nicht die einzige, die bei sich überlegte, ob es nicht gut sei, wenn er auf diese Weise befreit würde, und seine große Schwester auch. Violetta aber verbrachte Tag und Nacht betend und helfend am Krankenlager ihres Bruders. Er durfte nicht sterben. Nicht noch einmal durfte ihr ein nahestehender Mensch sterben. Wochen lang kam sie kaum zum Schlafen und Essen, und auch die Nähaufträge mussten ruhen. Wundersamer Weise wurde der Bruder wieder gesund.

Es war Herbst und Valentino verließ das Tal. Violetta nahm ihre Arbeit wieder auf, bei der Tante in der Landwirtschaft, beim Bruder in der Pflege, und bis in die Nacht nähte sie wie besessen, weil so viele Aufträge liegen geblieben waren. Die Sciora sprach sie darauf an, ob denn nichts geworden sei aus ihr und dem Valentino. Da antwortete sie mit von Anspannung heller Stimme, er habe nicht wollen, dass auch der Bruder bei ihnen einziehe. Und ihn hergeben, in ein Heim, das konnte sie doch nicht. Und wenn nun der Bruder die Krankheit nicht überstanden hätte? Violetta sagte: „Ich konnte ihn doch nicht sterben lassen. Dass er so krank geworden ist, das war mir eine Ermahnung von Gott, dass ich ihn nicht allein lassen darf."

Im Frühjahr kam der jüngere der Brüder, auch ein wenig pferdegesichtig und sehr einsilbig, ins obere Dorf zur Sciora und brachte ihr Stoffe zurück, die bei Violetta gelegen hatten, nicht für einen dringenden Auftrag, sondern für die Zeit, wo es Ideen und Gelegenheit gäbe, sie zu verarbeiten. Die Schwester sei so müde, sie könne nicht mehr nähen. Und auf mehrmaliges Nachfragen ließ er sich abringen, sie sei krank. Zufällig traf die Sciora ein paar Tage später den Arzt und fragte, was es mit der Krankheit der Violetta auf sich habe. Krank war für ihn kaum der richtige Ausdruck. Er sagte: „Dies ist ihr Jahr zu gehen." Die Sciora stieg ins untere Dorf und suchte das Haus der Tante auf. Auf dem Bett in einem viel zu weiten Pullover saß ein Mädchen, das eine Verwandte von Violetta hätte sein können. Ihr ausgezehrtes Gesicht sah dem ihres Bruders erschreckend ähnlich. Der hing in seinem Stuhl in der Nähe des Bettes, und sein röchelndes Atmen erfüllte den Raum. Auch die Nähmaschine hatte nun doch einen Platz im Haus finden können – überflüssiger Weise. Bei diesem ersten Besuch schwieg Violetta fast vollständig, teils, weil ihre Stimme so angegriffen war, teils, weil sie nichts reden wollte. Die Sciora kam ein zweites Mal, und diesmal wurde die Zeit des Schweigens durch Unterhaltungen unterbrochen. Offenbar ging Violetta davon aus, dass sie wieder gesund werden und all ihre Arbeit aufnehmen würde. Die Sciora widersprach ihr nicht. Sie kamen auf ein Bild auf der Kommode zu sprechen. Darauf war die Mutter zu sehen, mit dem behinderten Bruder, als er noch klein war. Mit langen Pausen zwischen den Sätzen erklärte Violetta: „Die Mutter hat ihn sehr geliebt. Er ist ja immer ein kleines Kind geblieben. Als sie sterben musste, hat sie ihn mir auf die Seele gebunden. Mir hat sie ihn gelassen.“ Zuhörend und ohne Widerspruch hat die Sciora diesen Auftrag anerkannt.

Sie kam dann regelmäßig in das Krankenzimmer, obwohl sie es fast nicht ertragen konnte, die fröhliche Violetta von einst so dahinsiechen zu sehen. Die konnte wegen des Hustens bald gar nicht mehr liegen und schlafen. Eines Tages im Oktober, ganz sanft, glitt sie hinüber in den Tod. Ihr Gesicht wurde friedvoll und schön. Die Dorfbewohner bedeckten sie mit einem Berg von Blumen. Später hat Aline Valangin, bei allem Zweifel, dies aufopferungsvolle Leben noch einmal anerkannt, indem sie es erzählt hat. Die Erzählung ist wie eine Ausführung und Übersetzung des Wortes Jesu: Selig sind, die reines Herzens sind, denn sie werden Gott schauen. Für diese Anerkennung kann man nichts tun. Sie ist Gottes Geschenk an uns – manchmal vermittelt durch einen Menschen. Amen.

Matthäus 10,26-33 Reformationsfest 6.11.2005

Filmgeschichte Kay Pollak, Wie im Himmel

Liebe Gemeinde,

es wird alles offenbar werden. Was im Dunkeln gemunkelt wurde, kommt ans Licht, was geflüstert wurde, wird laut gerufen, was verheimlicht wurde, wird allen bekannt. Das ist mit Bekennen gemeint. Es ist zugleich ein Offenbaren. Ich möchte solches Bekennen und Offenbaren mithilfe einer weltlichen Geschichte aus unseren Tagen begreifen und dann auf den Anlass des Festtages heute kommen, auf die Reformation und Martin Luthers Bekennen.

Der Regisseur Kay Pollak hat auf seine Weise dargestellt, wie er sich das Gottesreich vorstellt. Und dabei geht es menschlich und zwischenmenschlich um Bekennen und Offenbaren. Ein berühmter Dirigent kommt nach einem körperlichen und seelischen Kollaps in ein Dorf in Nordschweden. Land und Ort, weit und breit liegt alles unter dickem Schnee. Er kauft sich das leerstehende alte Schulgebäude als Bleibe. Und kaum, dass er da ist, wird er von einem der Sänger bedrängt, den kleinen Kirchenchor zu leiten. Erst weigert er sich. Dann nützt er die Chance, mit den Dorfleuten so Musik zu machen, wie er es sich auf den Bühnen der Welt vergebens ersehnt hat. Wochenlang probt er mit ihnen keine einzige Note, sondern lässt jeden und jede zur eigenen Stimme finden. Die Leute wandern im Raum umher, schwingen sich in den Hüften, legen sich gegenseitig den Kopf auf den Bauch. Der gemeinsame Klang wächst, jede einzelne Stimme bekommt ihre persönliche Farbe, jede Sängerin und jeder Sänger den passenden Platz in der Gruppe. Sie wächst zusammen.

Aber es wachsen auch Spannungen, oder: sie kommen zu Tage. Einer unverheirateten, nicht mehr jungen Frau ist soviel Körperlichkeit nicht geheuer. Und eines Tages, kurz vor einem ersten Beitrag zum Gottesdienst, klingt der Chor schief und angespannt. Die Stimmen, der Klang offenbaren schon, dass etwas nicht stimmt. Auf Nachfragen sagt schließlich Sylv, sie kann sich nicht vorstellen, im Gottesdienst mit Lena zusammen aufzutreten. Alle wissen doch, was für ein unmoralisches Leben Lena im Dorf führt. Die junge Frau ist tatsächlich das Gegenbild zu Sylv, rundlich und lebensfroh und ohne Angst vor körperlicher Berührung. Eine Reaktion gibt vor allem der selbsternannte Manager des Chores. Wirft Sylv an den Kopf, sie sei ja nur eifersüchtig. Verletzt und doch noch stolz entgegnet sie, alle anderen seien nur zu feige, ehrlich zu sagen, was sie denken. Verlässt den Raum. Zum Glück soll noch ein Geburtstag gefeiert werden. Die Probe wird abgebrochen und der große Wortführer übernimmt es, Sylv wieder zurück zu holen.

Das erste Konzert übertrifft alle Erwartungen. Anschließend sitzen die Sänger zu einer Nachfeier zusammen. Da steht der Älteste auf und richtet sein Wort an die Chorgemeinschaft und besonders an eine alte Dame in der Runde. Alle Blicke erheben sich zu ihm. Er gesteht, dass er sie seit der gemeinsamen Schulzeit liebe. Langes, sehr langes Schweigen, das niemand zu brechen weiß, auch die Angeredete nicht, auf die sich alle Blicke senken. Schließlich verlässt sie vor Verlegenheit den Raum.

Ebenfalls in die Schulzeit zurück reicht die missliche Beziehung zwischen einem übergewichtigen, herzensguten Mann und dem Chormanager. Einmal gebraucht der Großmäulige alte Schimpfnamen für seinen ehemaligen Klassenkameraden, und der fängt an zu wüten und zu weinen und diese ganze lebenslange Geschichte von Hänseln und Piesacken und Ausgrenzen in den Probenraum zu spucken. Alle sind betreten. Nur die Frau des Pfarrers tröstet ihn, und zum ersten Mal weiß sein Quälgeist nicht, was er sagen und wo er hinschauen soll.

Die Frau des Pfarrers blüht in der Chorarbeit regelrecht auf. Was dazu beiträgt, dass der Chorleiter im Pfarrer den schärfsten Gegner bekommt. Der steht für den Typ Menschen, die überhaupt kein integriertes Verhältnis zu ihrer Sexualität bekommen können. Eines Tages zieht seine Frau die pornographischen Hefte aus ihrem jahrzehntelangen Versteck und wirft sie ihm vor die Füße. Aber nicht nur Vorwürfe macht sie ihm, sondern gesteht ihm auch ihre bleibende Liebe und Sehnsucht und wirbt um ihn. Zum ersten Mal verbringen die beiden eine glückliche Nacht, aber das weckt bei ihm die größten Ängste. Er sorgt dafür, dass Daniel als Chorleiter entlassen und der Chor aufgelöst wird. Nur ist die Gemeinschaft inzwischen so zusammengewachsen und auch zahlenmäßig groß geworden, dass sie das nicht mit sich machen lässt. Sie finden eine unbenutzte Scheune zum Proben, und die Pfarrfrau zieht vorläufig aus dem Pfarrhaus aus.

Keineswegs verborgen, aber im ganzen Dorf verschwiegen ist das Leben einer der Sängerinnen, die regelmäßig von ihrem Mann geschlagen wird. Oft und zunehmend ist ihre Abwesenheit für die Chortreffen der Grund für Prügel. Eines Tages verbirgt sie sich nicht mehr, sie kommt blau und blutig geschlagen wie sie ist samt den beiden Kindern zur Probe. Bittet um Hilfe, weiß nicht, wo sie bleiben soll. Wenig später fährt auch der Mann in seinem Trailer vor und brüllt sie an vor dem Chor, dass sie nach Hause kommen soll. Sie drängt sich zwischen die Reihen der SängerInnen, und die schließen sich vor ihr und lassen sie verschwinden. In seiner hilflosen Wut fährt der Mann mit seinem Trailer ihr Auto zu Schrott.

Bekennen hat etwas mit Offenbaren zu tun. Verborgenes kommt ans Licht und Geflüstertes wird laut hinaus gerufen. In dem weltentrückten schwedischen Dorf werden keine frommen Bekenntnisse abgelegt, ganz irdische Geschichten kommen zutage oder kommen endlich zu Wort, nachdem sie jeder doch längst ein bisschen weiß. Und doch ist Pollak überzeugt, dass sich in den Ereignissen etwas zeigt, was „wie im Himmel" ist.

Die Bekenntnisse haben erstens immer etwas mit der Seele zu tun, mit lange gehegten Empfindungen, mit lange erlittenen Verletzungen, mit Ereignissen, die das Selbstbild und die Lebensfreude der

Menschen maßgeblich bestimmen. Ein Bekenntnis, das ist etwas, was einem Menschen am Herzen liegt, was ihm oder ihr aus tiefster Seele kommt und das getragen ist von lebendigen Gefühlen.
Die Bekenntnisse haben zweitens immer etwas mit Beziehungen zu tun. Nicht mit dem objektiven Zeigefinger wird hier die sorgfältig gehütete Verfehlung eines anderen erbarmungslos aufgedeckt. Nein, Offenbarung als Bekenntnis geschieht so, dass jemand die eigene Eifersucht, die eigene Gequältheit, die eigene Liebe oder Verletztheit öffentlich macht – und damit einen anderen Menschen oder die ganze Gemeinschaft, so wie sie zu dieser Situation gehören.
Bekenntnisse haben schließlich etwas mit Angst zu tun. Und das liegt nicht zuerst an sichtbarer äußerer Bedrohung. Die Angst rührt daher, dass Bekenntnisse aus dem Innersten kommen und den Lebensnerv betreffen und eben Offenbarungen sind, Offenbarungen dessen, was jemandem heilig ist. Wie wird diese Liebeserklärung aufgenommen werden, die 50, 60 Jahre lang auf sich warten ließ? Was macht der Mann aus der sehnsüchtigen Werbung um eheliche Gemeinschaft? Wie reagiert der Chor auf den beschämenden und beängstigenden Anblick der geschlagenen Frau? Bekenntnisse haben, wo andere Menschen nicht in Verbindung leben mit ihrer Seele, etwas Peinliches. Und das ist die ursprüngliche Angst, die zum Bekenntnis gehört. Jesus sagt: „Fürchtet euch nicht vor den Menschen, ... fürchtet euch nicht!“ Gegen die Angst vor der Peinlichkeit ruft Jesus uns das zu, gegen die Verleugnung der eigenen Seele, gegen die innere Macht, die Misstrauen in alle Beziehungen sät.
Aber schließlich hat ein Bekenntnis auch Konsequenzen in der Gemeinschaft, in der Gesellschaft. Das Eingeständnis der Sängerin, dass ihr Mann sie prügelt, die Bereitschaft des Chores, sie zu schützen, das weckt Gewalt. Kurze Zeit später entdeckt der verlassene Ehemann den verhassten Chorleiter am Seeufer. Es ist Sommer und warm und weit dehnt sich der See. Der Fahrer steigt aus seinem Trailer und stürzt sich zu Daniel ins Wasser und schlägt ihn halbtot. Wie durch ein Wunder bleibt Daniels Kopf so lange rücklings über Wasser, bis Leute ihn finden und retten. – Bekenntnisse können unrechtmäßige Beziehungen aufdecken und Gewalt hervorrufen und zu Opfern führen, Opfern an Leib und Leben. In solchen Fällen gibt es Grund, ganz gewöhnliche Angst zu haben, Angst vor Gewalt.
Die geschlagene Frau hatte Daniel einmal gewarnt, dass ihr Mann ihn am liebsten erschießen würde, und dass er es ernst meine. Aber Daniel hat trotzdem weiter gearbeitet und gerade diese Sängerin gefördert und ihr Selbstbewusstsein zu stärken versucht. Die äußere Bedrohung konnte ihm nicht so viel Angst einflößen, dass er aufgehört hätte. Und auch die Frau hat nicht aufgehört, zum Chor zu kommen. Offenbar gab es eine Kraft, die stärker war als die Angst. Vielleicht hatte die Angst ihre Wurzeln verloren. Denn sie hat ihre Wurzeln nicht in einer äußeren Bedrohung, sondern in einem inneren Erzieher, der zurückweist und droht und einsam macht. Kein äußerer Mensch

könnte mit Angst Machen so viel Gewalt über andere haben, wenn nicht eine innere Stimme in uns alle Drohungen verstärkte und glaubwürdig machte.

Als Luther 1521 nach Worms reiste, hatte er vor, ein Bekenntnis abzulegen. Zu seinen Auslegungen der Heiligen Schrift und zu den weitreichenden theologischen und kirchenpolitischen Folgerungen wollte er sich bekennen und seine Schriften nicht widerrufen. Im Vordergrund stand damals die gesellschaftliche Dimension dieses Bekenntnisses – und die Bedrohung für sein schieres Leben, der Luther sich aussetzte. Am geschichtlichen Horizont loderte ein Feuer. Alle sahen den Scheiterhaufen brennen, in dem gut 100 Jahre zuvor der Reformator Jan Hus umgekommen war. Dem hatte man auch freie Hin- und Rückreise versprochen. Und nachdem er seine Forderungen vorgetragen hatte auf dem Konstanzer Konzil, wurde der Heimreisende gefasst und hingerichtet. Luther hat später bei Tisch einmal erzählt:

„Wie ich nun nicht weit von Worms bin, schickt mir Spalatin, der mit Herzog Friedrich draußen war, unter Augen und lässt mich warnen, ich solle nicht hineinkommen und mich nicht in solche Gefahr begeben. Aber ich entbot ihm wieder, wenn so viele Teufel zu Worms wären als Ziegel auf den Dächern, so wollte ich dennoch hinein. Denn ich war unerschrocken, ich fürchtete mich nicht. Gott kann einen wohl so toll machen. Ich weiß nicht, ob ich jetzt so toll wäre."

So mutig ist er nicht die ganze Zeit geblieben. Luther war ja damals einfach der Sohn eines Bergarbeiters und lebte in einem Kloster und legte Buch um Buch die Bibel aus. Die Versammlung aller weltlichen und geistlichen Machthaber aus dem deutschen Reich in <u>einem</u> herrschaftlichen Saal war nicht sein Terrain. Und so muss er, als seine Redezeit gekommen war, so sehr gestammelt und gelacht haben vor Angst und Anspannung, dass seine Gegner sich in seiner Anwesenheit über ihn lustig machten. Herablassend räumte man ihm einen zweiten Termin ein, bis zu dem er sein Anliegen bitteschön auf die Reihe bringen sollte. Leicht und selbstverständlich war das nicht mit der Furchtlosigkeit.

Wenn er es dennoch durchgestanden hat, wenn er dennoch seine Thesen vertreten hat von der Gnade allein aus Glauben und dem Gotteswort allein aus der Schriftauslegung, dann deswegen, weil sein Bekennen ein echtes Bekennen war. Es war nicht nur ein offenbarendes Bekennen mit gesellschaftlichen Folgen. Es hatte zuerst und vor allem zu tun mit seiner Seele und mit Beziehungen und deswegen mit Angst. Wenn Luther von seiner reformatorischen Entdeckung sprach, dann sprach er von sich selbst, von dem, was seine Seele jahrelang verfinstert und gefährdet hatte. Gott, scheinbar Gott, war einst eine angstmachende, erniedrigende, ewig mehr fordernde Stimme in ihm. Luther konzentrierte sich auf diesen Gegengott in sich. Und eines Tages wurde wirklich Gott für ihn hörbar, eines Tages verstand er Gottes liebevollen Anruf, seinen Freispruch und Zuspruch zum Leben. Die angstmachende Stimme in ihm musste verstummen gegenüber der segnenden, die ihm die Bibel

offenbarte. Er berichtet darüber gegen Ende seines Lebens: „Nun fühlte ich mich ganz und gar neu geboren und durch offene Pforten in das Paradies selbst eingetreten.“ Das aber vor den fremden Leuten, den Regierenden im Reich darzulegen, die Ängste seiner Seele und ihre beglückende Befreiung am Grunde all seiner Theologie und Kirchenreform, das war eine peinliche Aufgabe.
Trotzdem hat Luther im zweiten Anlauf alles dargelegt, trotz der äußeren Bedrohung und trotz der inneren Angst.
Dabei ist es ja zunächst nicht so, wie in unserem Bibeltext behauptet wird: Menschen können nicht nur den Leib, sondern auch die Seele töten. Durch Folter aller Art, durch Schlafentzug und Schmerzen, durch grausame Hinrichtung von Angehörigen und viele andere Gräuel kann sehr wohl die Seele zu Tode kommen. Und durch psychiatrische Manipulation kann sie geraubt werden. Die menschliche Seele ist an den Körper gebunden und kann mit ihm und in ihm vernichtet werden. Aber die Seele ist auch an Beziehungen gebunden. Beziehungen bauen sie und bilden sie und sind das Wasser des Lebens für sie unser ganzes Leben lang. Offenbar können Menschen so fest in Beziehungen leben, dass sie auch in den grausamen Gefängnissen und Konzentrationslagern dieser Welt noch bekennen können, sich zu Gott, zu einem anderen Menschen, zur Menschlichkeit und Menschenwürde bekennen.
Luther meinte, dass „Gott ihn so toll gemacht“ habe. Und lässt damit erkennen, dass sein Bekenntnis mit seiner entscheidenden Beziehung zu tun hatte, mit seiner täglichen und nächtlichen und unablässigen Auseinandersetzung mit Gott. Diese Beziehung war vertrauensvoll geworden und ermutigend und absolut verlässlich. Diese Beziehung war nicht nur Inhalt für seine Worte, sondern sie war der Beweggrund für sein ganzes Bekenntnis, das Lebenswasser für seine Seele, sie war das, was Luther in seinem Bekenntnis offenbar machte. Indem Luther von sich und seiner Einsicht sprach, machte er Gott offenbar, Gott, der mit menschlichen Bußübungen und Geldern nicht entlohnt werden kann, Gott, der alles Lebensnotwendige umsonst herschenkt, zuerst und zuletzt sich selbst.
So ähnlich stellt auch Jesus Gott vor in unserem Bibeltext: Gott, wie er sich um jeden tschilpenden Spatzen kümmert und um jedes Haar, das vom Kopf fällt und so bald durch ein neues ersetzt wird. Spatzen und Haare, gibt“s immer, wer wird darauf achten. Aber so ist Gott, sorgt für das Leben an seinen niedrigsten und unauffälligsten Orten. Um wieviel mehr für einen Menschen, sein kostbares Ebenbild, eine Menschenseele ihm gegenüber, er will keine missen. Gott gibt unserer Seele eine verlässliche Beziehung – allen Teufeln in dieser Welt zum Trotz. Deswegen konnte Jesus behaupten, dass Menschen die Seele nicht töten können.
Nun klingt der Schluss unseres Predigttextes doch nach Vergeltung. ‚Wer mich bekennt, den bekenne ich, wer mich verleugnet, den verleugne ich.„ Aber ich denke, das wird man nur als Vergel-

tung missverstehen, wenn man Bekennen missversteht. Wenn Bekennen solches offenbarendes Reden aus tiefster Seele ist und in intensiver Beziehung, in diesem Fall Beziehung zu Jesus Christus und zu Gott, dann geschieht eben das Bekennen eines Gläubigen zugleich mit Jesu Bekennen, dann besteht ja die Verbundenheit im Bekennen. Und wenn jemand sich gegen solches Bekennen verschließt, dann verliert er zugleich die Verbundenheit mit Christus und Gott. Das ist kein nachfolgender, vergeltender Akt, das sind zwei Seiten desselben Geschehens.

So, wie in dem Chor in dem Nordschwedischen Dorf sich niemand heraushalten konnte. Am Ende, nachdem er aus dem Wasser gerettet worden war, bekennt sich auch Daniel gegenüber den Leuten. Er erzählt, dass er in dem Dorf kein Fremder ist, sondern eigentlich zuhause; dass er selbst in die Schule gegangen ist, in der er jetzt wohnt; dass der Mann, der ihn fast zu Tode geprügelt hätte, ihn auch schon zusammengeschlagen hat, als sie noch Jungen waren; und dass er nun Versöhnung sucht mit seiner Kinderzeit und mit dem hochbegabten geigenden Buben, der er einmal gewesen ist und der geflohen ist – vor dem Schulkameraden und dem Dorf.

Liebe Gemeinde, wenn etwas wichtig ist am reformatorischen Bekenntnis, dann dies, dass es ein Bekennen aus ganzer Seele ist und in und von den lebenswichtigen Beziehungen eines Menschen und einer Gemeinde, und dass es deswegen Folgen nach sich zieht für die Gemeinschaft und die Gesellschaft.

‚Es ist nichts verborgen, was nicht offenbar wird. Was ich euch sage in der Finsternis, das redet im Licht. Und fürchtet euch nicht„ Amen.

Predigten im Jahreslauf

Sexagesimae 7.2.2010

Hebräer 4,12-13

Antonio Tabucchi, Erklärt Pereira

„Heute, wenn ihr seine Stimme hören werdet, verstocket eure Herzen nicht!"

Liebe Gemeinde,

Gottes Stimme, wie sie zu Herzen spricht, Gottes Stimme hören – wie geschieht das? Gott richtet sein Wort an uns – und wie erfassen wir es? Angestoßen durch den Wochenspruch und den Predigttext möchte ich über diese Frage nachdenken. Es ist natürlich nicht nur eine Frage für diesen Sonntag im Jahr, weil wir ja an einen Gott glauben, der spricht, uns anspricht, mit uns spricht – und der von uns eine Antwort ersehnt. Aber wie geschieht das, Gottes Sprechen und unser Hören, wie antworten wir darauf? Weil wir an einen Gott glauben, der mit dem Wort zu uns in Verbindung tritt, ist es eine Frage, die sich durch unser Glaubensleben zieht.

„Heute, wenn ihr seine Stimme hören werdet, verstocket eure Herzen nicht!" Drei Mal ziemlich kurz hintereinander kommt dieser Aufruf im Brief an die Hebräer. Der Verfasser oder die Verfasserin hat ihn nicht selbst formuliert, sondern vorgefunden, er ist zitiert aus Psalm 95. Zur Zeit, als der Psalm gedichtet wurde, zur Zeit, als der Brief an die Hebräer geschrieben wurde, zu unserer Zeit, immer wieder haben Menschen dieses eindringliche „Heute" gehört. Da merken wir schon, dass es nicht um ein bestimmtes Datum geht, etwa genau um den 7. Februar 2010, es geht jeweils um die heutige Zeit, um die Gegenwart, um unsere eigene Lebenszeit. Das „Heute" aus diesem Aufruf veraltet nicht. Es ist nicht mit einem historischen Datum erledigt.

Andererseits heißt es wirklich „Heute", es geht um eine Erfahrung, in der die Stimme Gottes ganz konkret wird. Es geht nicht um eine Begleitmusik durch das ganze Leben, nicht um ein „bei Gelegenheit". Gottes Stimme schafft ein ganz bestimmtes Heute im Leben eines einzelnen Menschen oder auch im Zusammenleben und -feiern einer Gemeinde. Das allerdings gehört zu Gottes Wort: es kommt nicht an einem dafür vorgesehenen Sonntag im Kirchenjahr. Es kommt, wenn Gott ein Heute dafür bestimmt.

Folgendes ist weiter im Brief an die Hebräer zu lesen:

(Hebräer 4,12-13, Züricher 2007)

Liebe Gemeinde,

lebendig und wirksam ist Gottes Wort. Vorher ist von der Stimme die Rede, wir stellen uns das Wort vor verbunden mit einem Atem, mit einem Klang, mit einer Sprachmelodie, mit einem Sinn, der sich uns erschließt. Lebendig und wirksam, wie es ist, bezieht es unsere ganze Existenz mit ein, Leib und Seele, Körper und Geist. Das passt zur Stimme, und so möchte ich verstehen, dass das

Wort alles durchdringt. Damit distanziere ich mich etwas von dem zweischneidigen Schwert, dem chirurgisch sezierenden Instrument, und auch von dem Bild, dass ein Mensch wie nackt da liegt, mit entblößter Kehle, in der Geste der Unterwerfung, wie es im griechischen Text eigentlich heißt, während der Sieger alles triumphierend beäugt. Wie passt das zum lebendigen, zum lebenschaffenden Wort? Ich glaube, dass wir uns das Wort Gottes falsch vorstellen, wenn wir es für einen Appell oder Befehl oder gar eine Drohung halten, die an unsere Vernunft oder unseren Gehorsam ergeht, und dann sitzen wir da mit dem bekannten willigen Geist und schwachen Fleisch und müssen uns entscheiden. Ich versuche mir vorzustellen, wie das zugeht, dass das Wort Gottes mir zu Herzen spricht, mich ganz ergreift und als Wort des Schöpfergottes für mich wirksam wird. Dazu möchte ich Ihnen die Erzählung „Erklärt Pereira" von Antonio Tabucchi nacherzählen. Sie kann eine Vorstellung davon geben, wie es zugeht, wenn Gottes Stimme sich hören lässt und ein „Heute" bestimmt. Und Sie werden sehen, es hat tatsächlich seine bedrohliche Seite, wenn Gottes Stimme zum Leben ruft.

Pereira ist seit mehreren Jahren verwitwet. Seine Frau ist früh verstorben. Er spricht täglich mit ihrem Bild. Übergewichtig und herzkrank wie er ist, leidet er unter der brütenden Hitze im Lissaboner Sommer. Er denkt an den Tod. Für eine neue, ganz unpolitische Abendzeitung schreibt der frühere Lokalredakteur die Kulturseite, hauptsächlich Übersetzungen von französischen Erzählungen des 19. Jhs. Er plant, Nachrufe auf große Schriftsteller seiner Zeit im Voraus zu verfassen, damit sie im Fall ihres Todes angemessen gewürdigt werden können. Alle Bekannten fliehen die schwüle Hitze in den Urlaub, Pereira bleibt in Lissabon. Es ist 1938.

Eines Morgens sieht er eine philosophische Dissertation über den Tod angezeigt – und setzt sich mit dem Autor in Verbindung. Er möchte Monteiro Rossi gern als Mitarbeiter für die Nachrufe auf Vorrat gewinnen. Er möchte einen Gesprächspartner finden für das Thema, das ihn beschäftigt. Er trifft den jungen Mann. Nichts passt. Rossi gesteht, sich für die Seele eigentlich nicht zu interessieren und zum Thema Tod hat er Gewichtiges bei früheren Philosophen abgeschrieben. Ihn interessiert das Leben. Er erklärt sich bereit, einen Probeartikel zu schreiben, wenn Pereira ihm das Geld dafür gleich als Vorschuss geben kann. Pereira fühlt sich durch Rossis Erscheinung an sich selbst in jungen Jahren erinnert. Wenn sie einen Sohn hätten haben können, wäre er wahrscheinlich wie Rossi gewesen. Er geht auf den Handel ein und bezahlt aus eigener Tasche.

Auch mit seinem Beichtvater versucht er zu reden. Er trifft ihn völlig erschöpft an, fragt, was los sei. Der Franziskanerpater fertigt ihn unwirsch ab. Ein Fuhrmann aus dem Alentejo, der immer den Markt belieferte, ist von der Polizei am helligten Tag erschossen worden, weil er Sozialist war. Es gibt allenthalben Streiks. Und er, Pereira, der Journalist, fragt, was los sei. In welcher Welt er denn lebe.

Pereira trifft sich mit Monteiro Rossi, um den Probeartikel entgegen zu nehmen. Rossi singt auf einer nationalistisch portugiesischen Feier ein italienisches Lied, weil er dafür Geld bekommt. Pereira möchte gar nicht an der Feier teilnehmen. Bezaubert ist er von Rossis Freundin, Marta, die ihn zum Tanzen bringt – und mit haarsträubender Sorglosigkeit regimekritische Ansichten äußert. Rossis Probeartikel handelt vom ungeklärten Tod García Lorcas zwei Jahre zuvor, und äußert ungeschminkt den Verdacht auf Ermordung durch die spanischen Nationalisten. Völlig unbrauchbar. Trotzdem bringt Pereira es nicht fertig, Rossi einen Laufpass zu geben, sondern lädt ihn zum Mittagessen ein. Rossi schreibt ihm einen Nachruf auf einen italienischen Schriftsteller, in dem er Kriegshetze und italienischen Faschismus in einen Topf wirft. Vollkommen unbrauchbar. Dennoch hebt Pereira ihn auf. Dann gerät Rossi in nicht näher bezeichnete Schwierigkeiten, kann mit Pereira nicht mehr offen am Telefon sprechen und braucht geheime Orte der Begegnung.

Pereira sucht nun doch Erholung, fährt in einen Badeort nahe der Unistadt Coimbra, wo er einen Freund aus Studienzeiten anzutreffen weiß. Er sucht einen Gesprächspartner, der ihn unterstützen könnte. Aber sein Freund, Literaturprofessor, hält die Brandherde in Deutschland, Italien, Spanien alle für weit weg und die Meinungsfreiheit für einen Trick der Angelsachsen, der in Portugal nicht passt. Pereira ist das so unerträglich, dass er schon am nächsten Morgen nach Lissabon zurück reist. Auf der Fahrt lernt er flüchtig eine jüdische Frau kennen, die kurz vor der Emigration steht. Tun sie etwas, mutet sie ihm zu.

So viele Stimmen. Immer wieder einmal merkt Pereira, dass er verwirrt ist, aus dem Tritt gebracht, durch Marta, durch den Pater, durch sein eigenes Verhalten gegenüber Rossi, durch die jüdische Frau. Von keiner einzelnen Stimme lässt sich sagen: das ist Gottes Stimme. Aber alle Begegnungen zusammen lassen in ihm etwas entstehen. Herz und Seele bleiben Monteiro Rossi zugewandt, während der vernünftige Geist sich fragt, warum er den unzuverlässigen Burschen aus eigener Tasche bezahlt. In unvermittelten Gesprächen zieht er sich zwar auf die völlig unpolitische Ausrichtung seiner Zeitung, erst recht seiner Kulturseite zurück. Aber immer stärker nervt ihn, dass ihn die Portiersfrau in dem Haus, in dem er sein Redaktionszimmer hat, bespitzelt.

Dann bringt ihm Monteiro Rossi einen Cousin. Der Mann kämpft in Spanien auf der Seite der Republikaner und will in Portugal Freiwillige für die internationalen Brigaden anheuern. Er braucht ein unauffälliges Quartier – und jemand, der es bezahlt. Der junge Rossi lässt sich von Pereiras Reden über politisch neutral nie beeindrucken, er setzt ungeschützt auf sein großzügiges Herz. Und zurecht, Pereira weiß ein Zimmer im Rotlichtmilieu und bezahlt mehrere Nächte im Voraus. Schon am nächsten Tag trifft Pereira die beiden nicht mehr an, statt dessen eine auf die Knochen abgemagerte, kurzhaarige Marta – sie wollte ihr Aussehen ändern. Sie ist vollkommen mit sich im Reinen, Verbindungsperson für die beiden Männer, die jetzt im Alentejo Kämpfer anwerben.

Auf dringendes Anraten seines Arztes schiebt Pereira einen Kuraufenthalt in einer Klinik am Meer ein. Dort geht es nicht nur darum, von den täglichen Omlettes, überzuckerten Limonaden und einigen Kilo Fett wegzukommen. Pereira trifft auf einen um vieles jüngeren Arzt, mit dem er sich einvernehmlich über politische Entwicklungen unterhalten kann. Und der ihm Verständnis für seine verwirrende Situation schafft. Er erklärt ihm eine französische Seelentheorie. In jedem Menschen gibt es mehrere Seelen, die ihre Stimmen erheben und beachtet werden wollen. Damit sie zu einem Bündnis werden und der Mensch zu einer entscheidungsfähigen Person, werden sie durch ein Ich gelenkt. Dieses Ich kann wechseln. Welche Seelenstimme im Bündnis besonders Gewicht erhält, hängt von dem Ich ab, das sich auf alle bezieht. In der Kurwoche verstärken sich Pereiras Erinnerungen an seine eigene Jugendzeit, die schon in Lissabon aufgekommen waren, und beglückende Träume im Schlaf hat er mehrfach. Um einige Kilo leichter und einige Grad entschlossener kehrt Pereira nach Lissabon zurück. Der Arzt hat geplant, sich an eine Klinik nach Frankreich abzusetzen. Pereira bedauert, einen neuen Freund gleich wieder zu verlieren. Der nimmt an, dass Pereira ihm womöglich folgen werde.
Viele Stimmen, nicht mehr nur außerhalb von Pereira, sondern in ihm selbst. Nicht nur in ihm, sondern in jedem Menschen. Eine pflichtbewusste Seele und eine ängstliche, eine väterliche und eine, die jugendlich bleibt, eine, die Recht sehen will und eine, die Wahrheit sucht. Es gibt Zeiten, in denen wir davon nichts bemerken, weil sich die Seelen einig sind, oder weil sie sich eindeutig sortiert haben. Dann gibt es andere Zeiten, wie die, die Pereira erlebt, in denen die Stimmen in uns sich so uneinig sind, dass wir ganz verwirrt werden. Solche Zeiten, von neuer Orientierung, von Entscheidung, solche Phasen sind ein Heute, in das Gottes Stimme spricht. Gottes Stimme ist nicht ein einzelner Befehl von außen, sondern eine neue Gewissheit, die in einem Menschen wächst, in Seele und Geist, Mark und Bein und in den Regungen des Herzens. So kann Gottes Wort in uns das Wahre vom Falschen scheiden.
In Lissabon ist es nicht mehr gar so schwül. Die Portiersfrau ist zu seiner Telefonistin gemacht worden, die alle Anrufe empfängt bzw. nach außen leitet. Sein franziskanischer Beichtvater ist über die Vielseelentheorie nicht begeistert, aber die beiden finden zu einer gemeinsamen Einschätzung der Situation in Spanien. Für einen weiteren völlig unbrauchbaren Nachruf auf einen russischen Schriftsteller gibt Pereira Marta Geld mit. Seine Übersetzung einer französischen Erzählung aus der Zeit des 70er Krieges Frankreich gegen Deutschland wird ihm als politische Äußerung ausgelegt. Er wird zum Herausgeber der Zeitung bestellt. Dessen Ansichten kann Pereira überhaupt nicht teilen. Dann taucht Monteiro Rossi unangemeldet bei ihm zuhause auf. Pereira lässt ihn duschen, schlafen, deckt festlich für sie beide den Tisch. Er erfährt, dass die unbrauchbaren Nachrufe zum Teil von Marta geschrieben wurden, wie es Rossi im Alentejo gegangen ist, und dass der einen Stapel ge-

fälschter Pässe bei sich hat. Pereira verbirgt sie erschrocken hinter Büchern und dem Bild seiner Frau. Am nächsten Tag – Rossi holt viele Nächte Schlaf nach – kauft Pereira Lebensmittel ein, erklärt, dass er die leeren Vorratsschränke ein wenig auffüllen müsse. Die Portiersfrau bei seiner Redaktion berichtet ihm von einem Anruf, viel kann sie nicht sagen, Pereira ahnt, dass es Marta war. Wieder richtet er ein geradezu festliches Abendessen für sich und den jungen Mann. Gegen Ende hämmert es an die Tür. Rossi kann sich in ein anderes Zimmer zurück ziehen und Pereira versucht Widerstand zu leisten gegen die Männer in Zivil mit Schlagstock, die sich Polizei nennen, aber keinen Ausweis haben. Die Ohrfeigen werfen ihn fast um. Während die zwei Helfershelfer sich hinter verschlossener Tür um Rossi kümmern, hält sich der Chef mit ihm persönlich auf. Zweimal hört Pereira unterdrückte Schreie und versucht, Zutritt zu seinem Schlafzimmer zu gewinnen. Dann stürzen die Schläger heraus und empfehlen den raschen Rückzug. Pereira findet Monteiro Rossi erschlagen.

Er wählt aus den gefälschten einen französischen Pass, der zu ihm stimmt. Er schreibt einen Bericht über den Mord für die Abendzeitung, mit allen Namen, mit der Adresse, in der der Tote zu finden ist, mit einem Gruß an seine Freundin. Von einem Café-Telefon aus bittet er den Kurarzt um bestimmte Antworten am Telefon zu einer bestimmten Zeit. Am nächsten Tag wartet er bis kurz vor Abgabe der Skripte für den Druck und beredet den Drucker, ohne Genehmigung des Herausgebers seinen Bericht zu drucken. Dazu ruft er den Kurarzt an mit der Behauptung, es sei der Chef der Zensurbehörde persönlich. Der bestätigt dem Drucker die Erlaubnis zur Drucklegung. Pereira nimmt sein Köfferchen und geht.

Heute. Aus der Gegenwart der Sommerwochen, in denen Gottes Stimme immer klarer wurde, hebt sich ein Heute, ein Tag, an dem Pereira auf diese Stimme hört und sein Herz nicht verstockt. Nicht die Ermordung Rossis ist mit Gottes Stimme zu vergleichen. Gottes Stimme ist in Pereira klar geworden, sonst hätte ihn der Mord nur panisch gemacht und nicht zu einer entscheidenden Antwort führen können. Alles, was er erlebt und begriffen hat, spitzt sich zu zum Heute. Pereira antwortet auf Gottes Stimme. Er antwortet mit allem, was er zur Verfügung hat und was er kann. Bedrohlich ist die Situation, er setzt auch sein eigenes Leben aufs Spiel. Aber er lässt die Seele zu ihrem Recht kommen, die schon seit Wochen nach Wahrheit, nach Aufklärung und Anklage ruft. Gottes Stimme ist in Pereira wirksam geworden und hat sein Ich über dem Seelenbündnis verwandelt. Pereiras Artikel wiederum kann zu einer Stimme werden, die andere Menschen hellhörig macht, die in ihnen eine Unruhe schafft, in der Gottes Stimme lebendig werden kann.

Hören wir noch einmal die Verse aus dem Hebr:

(Lesung) Amen.

Jubilate 3.5.2009

Johannes 15,1-8

Michael Köhlmeier, Chukuntschula in: Abendland

Jubelt!

Liebe Gemeinde,

oder, in einer anderen, vertrauten Wortwahl: Jauchzet, frohlocket! Die erwarten wir allerdings in einer anderen Jahreszeit. Alle diese Worte klingen ein bisschen antiquiert. Und der Sache nach? Sollte Jubeln in unserer Zeit etwas Antiquiertes geworden sein?

Wenn es Gelegenheit gibt zum Jubeln – oder auch wenn der Jubel verstärkt werden soll – gehört Wein dazu. Und dies ist vielleicht ein erster, flüchtiger Zusammenhang, weshalb es im Predigttext heute um den Weinstock, die Reben und Trauben geht.

(Lesung)

Jesus Christus ist der wahre Weinstock.

Liebe Gemeinde,

wir brauchen es nicht schaffen. Unsere Aufgabe und Verantwortung ist es nicht: der Stock zu sein, der Stamm, hart, zäh und dauerhaft, der alles trägt, der Jahr für Jahr die Schösslinge neu hervorbringt, damit es auch Blätter und Trauben gibt. Wir müssen es nicht machen. Jesus Christus ist der Weinstock und trägt uns.

Und auch das andere müssen wir nicht und ist nicht unsere Verantwortung: den Platz behaupten, den Wurzelgrund finden, die Wurzeln austreiben und tiefer schieben und den Boden halten, für Nahrung sorgen und Wasser aus dem Grund, für den Stamm, für die Triebe. Jesus Christus ist der Weinstock und verwurzelt uns.

Wenn Gemeinden zusammen gelegt und Kirchen geschlossen werden, wenn Religionsunterricht kein selbstverständliches Schulfach mehr ist, der Abend kein Feierabend und der Sonntag immer öfter kein Ruhetag, wenn dies und vieles mehr schwindet, was für uns den christlichen Kulturraum prägt, kommen die Sorgen und die Ermahnungen: wir müssen eindeutig und unverwechselbar sein, wir müssen die Stellung halten, wir müssen die nächste Generation binden usw. Ich fasse es im biblischen Bild zusammen: wir müssen ein Stamm sein, eins und hart und die Zukunft tragen. Christus spricht: Ich bin der wahre Weinstock. Ihr seid die Reben. Ihr seid es, die ausgreifen in die Sonne, in den Wind, damit Blätter und Trauben all das Licht bekommen, das sie brauchen. Tragen, unverwechselbar sein, fest stehen, das ist meine Sache. Seid Reben an mir, an diesem Weinstock!

Wenn die Welt zusammen wächst und Glaubensüberzeugungen ganz anderer Art auch glaubwürdig erscheinen; wenn die Schöpfung im Kleinsten wie im Größten unübersehbar vielfältig und kompliziert wird und manche Weltanschauung leicht verstehbare, einfache Verbindungen legt zwischen Geist und Materie – dann kann man schon ins Suchen und Grübeln kommen, ob wir nicht einen zeitgemäßeren Glauben brauchen und eine integrative Religion. Dann fangen einzelne Menschen an, selbst den Wurzelgrund aufzusuchen mit Körperübungen und psychischen Programmen und mancherlei Gegenständen und Riten. Christus spricht: Ich bin der wahre Weinstock. Christus selbst ist in dem Grund verwurzelt, der uns ins Leben bringt und erhält. Er ist wie die Weisheit Gottes, von der wir vorhin aus dem Buch der Sprüche gehört haben. Vor aller Schöpfung wurzelt sie in Gott und umschließt und durchdringt unsere ganze Welt. Und redet uns an, von Person zu Person: Hört auf meine Worte! Ihr seid die Reben, ihr seid schon getragen, einen Wurzelgrund suchen müsst ihr nicht. Aber entfaltet euch, der Sonne entgegen, damit der Wein süß und stark wird.

Liebe Gemeinde, das ist ein Grund, erleichtert zu sein und zu jubeln: wir müssen die Verankerung nicht suchen und erfinden, wir müssen die Zukunft nicht schultern: Christus ist der wahre Weinstock.

Wir selbst sind die Reben. Und ja, es wäre schon möglich, dass wir verdorren und ausgeputzt werden müssten. Aber tatsächlich ist es nicht so. Tatsächlich sagt Christus: Ihr seid rein, um des Wortes willen, das ich zu euch gesagt habe. Auch dies ist wieder ein Grund, erleichtert zu sein und zu jubeln. Nicht, weil wir uns so sorgfältig gehütet haben, uns mit ja nichts zu beschmutzen; nicht, weil wir uns so vorbildlich verausgabt haben, Frucht zu bringen, sind wir Reben an diesem Stock. Am Wort Jesu Christi liegt"s. Weil er sagt: Ihr seid die Reben. Weil er sagt: Nicht ihr habt mich erwählt, sondern ich habe euch erwählt. Weil er manches gesagt hat, was den Leuten wie Unsinn oder Frevel vorkam. Und Jesus fragt: Wollt ihr auch weggehen? Und Petrus sagt, für uns alle, die wir immer noch und trotzdem da sind: Wohin sollten wir gehen? Du hast Worte des ewigen Lebens. Wir sind die Reben, die Christus selbst rein erhält. Die Überzeugung, das Vertrauen, womit wir durch den täglichen Kleinkram und durch die existenzbedrohenden Erlebnisse hindurch kommen, stärkt uns Christus. Welche Erleichterung, welch ein Grund zu jubeln: wir müssen uns unsere orientierenden Werte und unseren roten Faden Lebenssinn nicht selber immer von neuem geben. Christus hat Worte des Lebens.

Das Wort von Weinstock und Reben ist das letzte der Ich-Bin-Worte Jesu im Johannes-Evangelium und es ist das einzige, in das wir als Gemeinde mit einbezogen sind. Ausdrücklich geht es darum, was mit uns geschieht, weil Christus in der machtvollen Lebendigkeit Gottes wurzelt. Es geht um die Zeit der Gemeinde zwischen der Auferstehung und der Wiederkunft Christi. Im Matthäus-Evangelium werden Taten aufgezählt, die sich in der Nachfolge Jesu finden müssen, Hungrige speisen, Nackte kleiden, Kranke besuchen usw. Johannes stellt keinen Katalog der Früchte und guten Werke auf. Wir hören Jesu Zuspruch: Ihr seid die Reben. Ihr seid rein. Ihr bringt Frucht. Welche

Frucht, das liegt an der Art der Rebe. In unserer vielfältigen Welt ist diese Offenheit für vielfältiges Fruchttragen eine segensreiche Beschreibung. Ich glaube, dass sie durch keine Uniformierung zerstört werden darf, durch keine gesellschaftliche und auch durch keine kirchliche.

Wenn einer in mir bleibt und ich in ihm, bringt er reiche Frucht. Wie soll das gehen: Ihr in mir – ich in euch? Wer ist jetzt in wem? Wer ist jetzt außen, wer innen? Das Wort sprengt unsere dreidimensionalen Vorstellungsmöglichkeiten. Es führt uns zu einer geistlichen Wahrheit, die jede und jeder im eigenen Leben auf eigene Weise löst. Wer in mir bleibt und ich in ihm, dem wird es gelingen. Weil es in der Existenz eines Künstlers anschaulich werden kann, gebe ich eine Geschichte wieder, die Michael Köhlmeier in seinem Roman „Abendland" erzählt, eine Stalin-Legende.

Die eigentliche Legende hat eine Vorgeschichte, in der die Zuhörer daran erinnert werden, wie grausam der Georgier war. Man geriet ihm besser nicht unter die Augen. Eine georgische Märchenspezialistin hatte Märchen ihrer Heimat gesammelt und kommentiert. 1938 wurde das Buch verlegt und – selbstverständlich – dem Vater des Vaterlandes Jossif Stalin gewidmet. Zur Präsentation bei einem Festakt in der Akademie der Wissenschaften meldete sich kurzfristig der Parteivorsitzende höchstpersönlich als Redner und Ordensverleiher an. Nun hatte ein Kollege der Märchenspezialistin bei ähnlicher Gelegenheit erst den Orden und dann das Todesurteil aus der Hand Stalins empfangen. Erst als sie zum Schluss die Garderobe unbehelligt verlassen hatte, begann sie zu glauben, dass sie die unverhoffte Nähe Stalins überlebt habe.

Stalin blätterte noch auf der Rückfahrt zum Kreml in seiner ledergebundenen Ausgabe der Märchen und stieß auf eines mit dem Titel „Chukuntschula". Da entsann er sich, dass während seiner Kindheit in Gori ein Mann lebte, den man so genannt hatte. Er war Dichter und Sänger und galt als der beste Tschongurispieler in Georgien. Sofort gab Stalin den Auftrag, nach diesem Mann zu forschen. Tatsächlich lebte er noch, Grigol Beritaschwili mit Namen, 84 Jahre alt und nach wie vor in Gori. Am nächsten Tag setzte sich Stalin in einen gepanzerten Eisenbahnwaggon und reiste nach Tiflis. In den dunklen Morgenstunden darauf landete er, begleitet von zwei Soldaten, vor dem Häuschen in Gori am Ufer der Kura. Die Soldaten schlugen an die Tür. Nach einer Pause wurde sie geöffnet, und im Rahmen stand: Chukuntschula, 40 Jahre gealtert, aber unverkennbar.

Grigol Beritaschwili, zu nachtschlafener Zeit und im Laternenlicht, sagte sich, dass er nicht träumen könne, so klar erkennbar war der Herrscher der Sowjetunion, in Georgien Koba, der Unbeugsame, genannt. Also trat er beiseite, Stalin und die Soldaten bückten sich ins Haus. Stalin setzte sich an den Tisch. „Chukuntschula", sagte er. Und „Koba" antwortete Beritaschwili. „Chukuntschula", noch ein, zwei weitere Male. „Koba." Dann fragte Stalin: „Besitzt du noch deine Tschonguri? Hole sie und spiel mir etwas vor." – „Sie liegt oben neben meinem Strohsack, damit ich sie am Morgen immer gleich erreiche", antwortete der Musiker. Weil er aber fürchtete, dass er sich vor Angst aus

dem Fenster stürzen werde, wenn er erstmal eine Entfernung zwischen sich und Stalin gelegt hätte, gab er vor, es werde zu lange dauern, bis er alter Mann die Treppe hinauf gegangen wäre, und ließ einen der Soldaten sie holen.
„Was soll ich für dich spielen, Koba?“ fragte er dann. Stalin wollte gern ein Lied hören, das der Musikant vor vierzig Jahren gespielt hatte. Er erinnerte sich aber an den Titel nicht mehr.
„Ein trauriges Lied oder ein fröhliches?“ fragte der Chukuntschula. – „Ein trauriges.“ – „Also wohl ein langsames, habe ich recht, Koba?“ – „Ja, ein langsames.“ Stalin verschränkte auffordernd die Arme. Beritaschwili versuchte es mit einem Lied, in das einer der Soldaten mit einstimmte. „Das ist es nicht!“ unterbrach Stalin. Gut, beruhigte sich Beritaschwili. Wenn ich gleich das richtige Lied getroffen hätte, wäre womöglich alles nichts wert gewesen, das Lied nicht und ich auch nicht.
„Kannst du vielleicht noch ein paar Worte zu dem Lied sagen, Koba?“ – „Ich glaube, das Meer ist darin vorgekommen“, antwortete Stalin und auf Rückfrage, nein, nicht ein Fluss, das Meer. „Kannst du mir vielleicht zwei, drei Töne singen, Koba?“ Und Stalin brummte etwas, „ungefähr so.“ – „Jetzt weiß ich es!“, rief Beritaschwili, aber das Lied, das er dann anstimmte, war so allerweltsweit bekannt, das war es natürlich nicht, das hätte Stalin doch gleich sagen können.
Noch ein falsches Lied, schätzte Chukuntschula, und Stalin wird vor seinen Soldaten blamiert sein für diese Reise und dann… Und er dachte: Irgendwie klingen doch langsame, traurige Lieder alle ähnlich. Er ließ die Finger einen Akkord suchen und begann zu summen. „Das ist gut, Chukuntschula!“ rief Stalin aus. „Ich glaube, jetzt hast du es.“ Beritaschwili war schlau, wie der Chukuntschula im Märchen, der seine älteren Brüder überlistete und einen Riesen dazu. Er sang ein Lied, an das sich Stalin zu erinnern glaubte, sang – und erfand im Augenblick Wort für Wort, Ton für Ton, das Lied. Stalin hörte zu, nickte, weinte, und ging.
Chukuntschula saß bis zum Sonnenaufgang, saß bis zum Mittag an seinem Tisch, sinnend, schlafend. Dann ging er sich etwas zu essen kaufen von dem Geld, das die Soldaten hinterlassen hatten. Er ahnte schon: Das Lied, für das ihn der Koba persönlich aufgesucht hatte und an das er sich über Jahrzehnte hinweg erinnert hatte, dies Lied würde er sehr bald im Repertoire brauchen. Und so erfand er noch einmal ein Lied, das Meer kam darin vor, langsam und traurig war es. Diesmal prägte er es sich ein. Und hat es noch oft vorgetragen, auf Parteitagen z.B. Bei guter Gesundheit wurde er 104 Jahre alt.
Leben oder umkommen ist die Frage für Chukuntschula. Dieselbe Abgründigkeit steht hinter dem Bildwort Jesu. Deshalb geht es auch nicht nur um gewitzte Geistesgegenwart, sondern darum, die eigenen Früchte zu bringen und darum, mit dem Stamm der Lebendigkeit so verbunden zu sein, dass das möglich wird. Trotz aller Angst bleibt Chukutschula der Quelle seiner Schöpferkraft ver-

bunden. Jesus, der wahre Weinstock, vertraut darauf, dass jeder Mensch auf seine, auf ihre eigene Weise wie ein Künstler aus der Verbundenheit mit ihm leben kann:
„Wenn ihr in mir bleibt und meine Worte in euch bleiben, werdet ihr bitten, was ihr wollt, und es wird euch widerfahren.“
Diese Verheißung leitet schon über zum kommenden Sonntag: Betet! Heute ist Zeit, all die Erleichterung zu spüren und in tiefen Zügen zu genießen – und zu jubeln. Amen.

3. Sonntag nach Trinitatis 2.7.2006

1 Johannes 1,5 – 2,6

Amos Oz, Eine Geschichte von Liebe und Finsternis

Liebe Gemeinde,

im Predigttext kommen mehrere Behauptungen vor, die ich einmal als Lebensmotto verstehe. Ich streiche ihre gute Seite heraus, ehe wir sie in der Auseinandersetzung bei Johannes hören. Das erste Motto lautet: Wir haben Gemeinschaft mit Gott! [da capo] Das ist ein anspruchsvolles Lebensmotto über uns. Aber zuerst ist es eine Behauptung über Gott. Wir haben Gemeinschaft mit Gott – weil Gott Gemeinschaft mit uns hat. Das ist ein wahres Leitwort für Christen. Ermutigend und heilsam wirkt das, wenn wir doch erleben, wie menschliche Gemeinschaften sich verändern müssen, wie sie Schaden nehmen. Gott ist treu. Und es ist ein heilsames Lebensmotto, wenn wir uns selbst erleben – in Begrenzungen, Verfehlungen, Krankheit, Altern. Gott ist treu. Darum haben wir Gemeinschaft mit Gott.

Das zweite Lebensmotto lautet: Wir sind ohne Schuld! Das ist womöglich mehr als ein Lebensmotto, es ist eine Art typisch menschliche Grundhaltung. Und Christen, wie können sie dazu kommen, so etwas zu behaupten? Das dritte Lebensmotto erklärt es, es klingt ganz ähnlich: Wir haben nie mehr Unrecht getan – gemeint ist, seit wir Christen wurden und uns haben taufen lassen. Ich nehme an, die Menschen zur biblischen Zeit, die das behaupteten, hatten einen Grund dazu. Von einer Lebensweise, die sie mit Sünde in Verbindung brachten, haben sie sich tatsächlich abgekehrt. Und vor allem halten sie fest daran, dass sie mit der Taufe auf den Namen Jesu Christi hinein genommen wurden in die Vergebung der Schuld, die Christus für uns erwirkt hat. Das glauben wir doch! Es ist ein heilsames Vertrauen in die Taufe und in Jesus Christus. Gott wird uns von aller Schuld reinigen. Und doch: Wir sind ohne Schuld – was ist das für ein Lebensmotto? Womöglich eins von der Sorte: lebenslange Fessel.

Schließlich gibt es im Predigttext noch das Lebensmotto: Ich kenne Gott. Dieses ist ein Wissen und erkannt Haben und Verstehen und Vertrauen. Ich kenne Gott – das ist ein gutes Lebensmotto im Sinn von einem Leitsatz: eine Behauptung, die schon wahr ist, die aber noch Zukunft hat, noch zutreffender werden, noch mehr Vertrautheit erwarten kann. Ich kenne Gott – das ist das Ziel, auf das ein glaubender Mensch zulebt. Und dies Ziel hält er sich oder sie immer wieder vor Augen. So gesprochen, ist es ein ermutigendes, heilsames Lebensmotto. Freilich: ich kenne Gott! ist immer auch eine gewagte Behauptung. Darf man das wirklich sagen?

Die Lebensmottos werden im 1. Johannesbrief zitiert und dann mit Bemerkungen versehen. Das hört sich so an:

[Lesung aus Gute Nachricht mit kleinen Änderungen]

Gott ist Licht, in ihm ist keine Spur von Finsternis.

Liebe Gemeinde,

so vieles folgt auf den strahlenden Satz, die gute Botschaft, dass man sie am Ende schon fast vergessen hat. Gott ist Liebe, und ist kein Raum für Resignation oder Abwendung. Gott ist Treue, und ist kein Platz für Verstoßung. Gott ist Zukunftshoffnung, und ist kein Raum für Fatalismus. Gott ist Licht. Das ist die gute Grundlage, das ist die Wahrheit, an der sich die Lebensmottos messen lassen, und vielleicht werden sie bestätigt, vielleicht korrigiert.

Ich wage es mit einem Beispiel aus der Literatur unserer Zeit.

„Eine Geschichte von Liebe und Finsternis" nennt Amos Oz, israelischer Schriftsteller, die Geschichte seiner Familie. Im Kern ist es ein Versuch, das Leben und das Lebensende seiner Mutter zu begreifen. Von verschiedenen Seiten und aus verschiedenen Quellen tastet er sich heran. Ich erzähle es als Beispiel dafür, was es heißt: im Dunkeln leben. Und was es vielleicht heißt, dass in Gott keine Finsternis ist.

Amos„ Mutter Fania Mussman stammte aus Rowno, eine Stadt, die zwischen Polen und Russland mehrfach hin und her geschoben wurde und eine starke jüdische Gemeinde hatte. In der Familie und in der Schule wuchsen sie und ihre beiden Schwestern mit zionistischer und mehr noch mit sozialistischer Gesinnung auf. Ein Lebensmotto der jüdischen Bevölkerung war: geistiger Besitz ist unverlierbar. Was man gelernt hat, kann einem niemand rauben. So gingen die drei Schwestern in den 20er Jahren aufs Gymnasium und Fania besuchte später die Universität in Prag. In polnischen Universitäten wurden Juden nicht zugelassen. Die Haltung der zionistischen Bewegung lautete etwa: das Land ist unsere Zuflucht. Und das war auch zutreffend. Nach und nach zwischen 1933 und 1938 wanderte die Familie Mussman nach Palästina aus. Die jüdische Gemeinde in Rowno wurde ausgelöscht.

Aber das Land war nicht nur Zuflucht. Es war auch ein Ort von ungewohnter Hitze, von bisher ungekannter Armut, von äußerst beengtem Lebensraum. Fania setzte ihr Studium an der Universität in Jerusalem fort. Sie war auffallend schön, in sich gekehrt und sehr klug. Sie lernte Jehuda Arie Klausner kennen, einen schönen, lebenslustigen, redseligen und sehr begabten Studenten, dessen Onkel Professor für jüdische Literatur war, und der sich selbst große Hoffnungen auf eine Position an der Universität in Jerusalem machte. Der Zionismus bewegte auch die Klausners stark. Aber alles Sozialistische war ihnen verwerflich. Auf dem einzigen Foto im Buch geben die beiden ein sehr schönes Paar ab. Und vielleicht hätten sie sich auch ganz gut ergänzen können. Aber die Welt war eng für Juden. Viel zu viele hochgebildete jüdische Flüchtlinge drängten sich in dem Land, das solche Menschen mit der fließenden Kenntnis von 16 Sprachen kaum brauchte, stattdessen die Leu-

te mit Aufbaugeist, körperlicher Kraft und Erfahrung im Ackerbau. Die Jerusalemer Bildungsbürger haben diese Arbeiter in den Kibbuzim gleichzeitig als schlicht belächelt, als kommunistisch verdächtigt und als die eigentlichen, wahren und neuen Menschen bewundert.
Amos wurde geboren, zu früh für den Vater, der nicht fertig war mit einer Dissertation, mit einem Weg an die Universität. Arie Klausner ist tatsächlich nie Hochschuldozent geworden, sondern Mitarbeiter der Universitätsbibliothek gewesen. Seine Lebenslust äußerte sich in großer Unrast und in dem unerträglichen Zwang, jeden Moment der Stille durch Gerede zu vertreiben, Sprachspiele, Witzeleien, kluge Vorträge. Auch für Fania war das Kind nicht die Erfüllung ihrer Lebenstage. Aber ein anderes Lebensmotto hieß: eine Frau ist für die Kinder da. Mit der Geburt von Amos war für sie die Zeit der Studien zuende und es kam keine, einen Beruf aufzunehmen, der sie geistig gefordert hätte. Fania hatte aber dazuhin ihr eigenes Lebensmotto, und das hieß ungefähr: man muss sich ins Leben schicken. Man hat die Freiheit, es so zu ertragen wie es ist, oder zu gehen. Sonst keine. Ihre jüngere Schwester konnte sich erinnern, dass sie diese Überzeugung schon zu Beginn der Studienzeit geäußert hat. Fania machte ihre Sache gut als Hausfrau, als Gattin, als Mutter. Sowie sie Zeit hatte, las sie. Amos hat sie hauptsächlich im Schneidersitz über ein Buch gebeugt lesend in Erinnerung.
Es kam die lang ersehnte Unabhängigkeit Israels. Es kam, sofort am nächsten Tag, der Krieg. In die enge dunkle Zweizimmerwohnung wurden unbegreiflich viele ausgebombte Menschen eingelagert. Bekannte und Nachbarn beklagten Tote. Dann wurde es wieder möglich, in Jerusalem zu leben, wenn auch generell auf ärmlichem Niveau. Und das Leben blieb stecken für die Klausners. Fania begann, an Schlaflosigkeit zu leiden. Die ganze Nacht verbrachte sie schließlich sitzend auf einem Stuhl und wachte. Sie litt an Kopfschmerzen, den ganzen Tag blieb das Wohn-, Ess-, Arbeits-, und Schlafzimmer verdunkelt, damit sie die Helligkeit nicht ertragen musste. Oder sie ging im ohnehin fensterlosen Flur auf und ab, auf und ab, manchmal leise singend. Alle ärztlichen Untersuchungen führten zu nichts, Schlaftabletten halfen nicht. Es gab eine Besserung der schweren Depression, aber nach einigen Monaten begann alles von vorn. Amos Oz beschreibt, wie alle in der Familie in ein nächtliches Ritual der Schlaflosigkeit einstiegen. Aber niemand sprach wirklich mit dem anderen. Niemand kannte den anderen mehr, niemand fühlte sich von den anderen verstanden. In seinen Worten: „Tausend Jahre Finsternis lagen zwischen jedem und jedem.“ Fania reiste für einen Besuch zu ihrer älteren Schwester nach Tel Aviv und nahm eine Überdosis Schlaftabletten.
Ich kann nicht sagen, was sie hätte befreien können aus ihrer Gefangenschaft in der Finsternis. Ich kann nur zur Kenntnis nehmen, was die beiden zurückgebliebenen taten. Wie sie ihren Weg zurück ins Licht fanden. Arie Klausner heiratete ein Jahr später eine andere Frau. Mit ihr verließ er endlich das Land, zog nach London und schrieb endlich seine Doktorarbeit und bekam zwei weitere Kinder.

In den 60er Jahren sind sie zurückgekehrt, Arie hoffte noch immer auf eine Dozentur an irgend einer der israelischen Universitäten. Aber dafür war er dann zu alt. – Amos hörte endlich auf, der wohlerzogene Junge und gute Schüler zu sein und setzte durch, dass er Jerusalem und das Milieu von Selbstverachtung und Hochmut verlassen konnte. Er zog in einen Kibbuz. Er nahm sogar einen neuen Namen an.

Gott ist Licht. In ihm ist keine Spur von Finsternis. Kein Mensch, kein Lebensmotto, keine Umstände, die Fania das Leben verfinsterten, sind von Gott gerechtfertigt oder gewollt. Gott will die Wege ins Licht, auch wenn unseren menschlichen Wegen ins Licht immer Finsternis anhaftet. Auch wenn Arie Klausner und sein Sohn z.B. so unglücklich miteinander verkettet waren, dass der eine dem anderen mit dem je eigenen Weg zurück ins Licht weh tun musste. „Wir haben Gemeinschaft mit Gott" – das verträgt sich nicht mit Gefangenschaft in Finsternis. Mit leben Bleiben im Dunkeln.

Sehr vorsichtig geht Amos Oz mit der Schuld um. Er sagt nicht: Wir sind ohne Schuld. Nicht für seine Familiengeschichte. Nicht für die Geschichte des Staates. Er sagt auch nicht: das war"s. Die war Schuld, der hat"s verursacht. Unwahr wäre aber auch ein generelles: Natürlich sind wir doch schuldig! Viele verschiedene Bausteine, Einflüsse, Eindrücke trägt er zusammen, viel mehr, als ich erwähnt habe, um das Leben und das Lebensende seiner Mutter zu begreifen. Er versucht, das Bild zu betrachten. So sorgfältiges, schmerzliches Suchen und Betrachten braucht es, damit am Ende jemand auch sagen kann: Das ist meine Schuld.

Liebe Gemeinde,

die Finsternis bedroht das Leben. Gott ist Licht. Nicht das Licht von Weihnachtskerzen, sondern das flutende Licht, das es mit solcher Finsternis aufnimmt. Dies Licht, Gott, schenkt sich uns. Und wir haben Gemeinschaft mit Gott. Gott stärkt unsere Wege ins Licht. Und reinigt uns von der Schuld, mit der wir uns dabei belasten. Denn Gott ist treu. Amen.

6. Sonntag nach Trinitatis 3.7.2005 (Gottesdienst im Kirchgarten)

Deuteronomium 7,6-12

William Shakespeare, Der Kaufmann von Venedig

Aschenputtel in: Gebrüder Grimm, Kinder- und Hausmärchen

Liebe Gemeinde,

anhängliche Liebe und Erwählung, Reinheit und Befreiung und der Segen, der von den Vorfahren her kommt – das sind Themen in unserem Predigttext heute. Es sind zugleich elementare Erfahrungen in der Lebensgeschichte einzelner Menschen, und jeder Kulturkreis hat seine eigenen typischen Geschichten zu diesen Themen.

Zwei vorbereitende Geschichten will ich vergegenwärtigen, ehe ich den Predigttext vorlese.

Die erste ist eine Sage aus den „Gesta Romanorum", den Taten der Römer, und erzählt wird eine typische Erwählung. Shakespeare hat sie abgewandelt in seinen „Kaufmann von Venedig" aufgenommen. Da geht sie so vor sich: Der Fürst von Belmont ist verstorben und hat eine unverheiratete, schöne Tochter zur Erbin, Porzia mit Namen. Vor seinem Tod hat er ihr das Versprechen abgenommen, dass sie einen künftigen Gatten folgendermaßen erwählt: sie setzt ihm drei verschiedene Kästchen vor, unter denen eines das Rechte ist und derjenige, der sich für es entscheidet, der Rechte. Eines ist golden, es trägt die Aufschrift: „Wer mich erwählt, gewinnt, was mancher Mann begehrt." Eines ist silbern mit der Aufschrift: „Wer mich erwählt, bekommt soviel, als er verdient." Und schließlich ein bleiernes mit der Aufschrift: „Wer mich erwählt, der gibt und wagt sein Alles dran." In einem nur findet sich ein Bildnis der Porzia. Schon viele Freier haben sich vertan. Da kam z. B. ein prächtiger Prinz von Marokko, der nach längerem Abwägen fand, nur das goldene Kästchen mit seiner Aufschrift könnte die Wahl der schönen Porzia auf passende Weise symbolisieren. Schließt es auf und fährt zurück, denn es ist mit Totenknochen gefüllt. Oder der Prinz von Arragon. Er las die Aufschriften und war gleich sicher, dass es in der Welt nach Verdienst und Billigkeit zugehen müsse. Öffnet also das silberne und zieht beschämt von dannen, denn es fand sich nur ein Narrenkopf darin. Held der Geschichte und längst Porzias große Liebe Bassanio muss auch vor die Kästchen treten und sich entscheiden. Er lässt sich vom äußeren Schein nicht blenden, wählt das schlichte Blei – und findet Porzias Bildnis im Kästchen.

Die typische Erwählung ist eine Prüfung. Weil in Zweifel steht, ob einer würdig ist, muss er sich beweisen. Und nur der Gute findet in den Märchen und Legenden die richtige Lösung. In der ursprünglichen lateinischen Geschichte ist es eine Königstochter, die das rechte Kästchen wählt und so zur Prinzgemahlin wird.

Ich komme zu dem anderen Motiv und frage Sie, was Ihnen dazu einfällt: Ein Mädchen wird aus seiner Sklavenarbeit befreit und zur Braut des Königssohnes – kommt Ihnen vielleicht ein Märchen in Erinnerung?

[kurze dialogische Phase]

Ich habe an Aschenputtel gedacht und will auch ein paar Einzelheiten der Geschichte vergegenwärtigen:

Ein Mädchen wird im eigenen Hause fremd, als der Vater, ein reicher Mann, zum zweiten Mal heiratet und eine Stiefmutter mit ihren beiden Töchtern einzieht. „Sie nahmen ihm seine schönen Kleider weg, zogen ihm einen grauen alten Kittel an, und gaben ihm hölzerne Schuhe. ‚Seht einmal die stolze Prinzessin, wie sie geputzt ist!„ riefen sie, lachten und führten es in die Küche. Da musste es von Morgen bis Abend schwere Arbeit tun, früh vor Tag aufstehn, Wasser tragen, Feuer anmachen, kochen und waschen. Obendrein taten ihm die Schwestern alles ersinnliche Herzeleid an, verspotteten es und schütteten ihm die Erbsen und Linsen in die Asche, so dass es sitzen und sie wieder auslesen musste. Abends, wenn es sich müde gearbeitet hatte, kam es in kein Bett, sondern musste sich neben den Herd in die Asche legen.“ – Aschenputtel. Sklavenarbeit.

Zuflucht findet das Aschenputtel am Grab seiner Mutter. Es kam der Tag, an dem der König für seinen Sohn eine Braut suchte und alle schönen Jungfrauen im Land zu einem Fest lud, drei Tage hintereinander. Stiefmutter und Schwestern machten dem Aschenputtel Arbeit, die reinen Tauben und die Vögel des Himmels halfen ihm. Als es dennoch nicht mitgehen durfte zum Fest, ging es wieder an der Mutter Grab und zu dem Bäumchen darauf, und das weiße Vögelein, das darin wohnte, beschenkte es mit mit einem silbernen Kleid und Tanzschuhen. Für keine hatte der Prinz ein Auge und einen Tanz, als für das so verwandelte Aschenputtel. Am zweiten Tag war das Kleid noch schöner, am dritten Kleid und Schuhe prächtig und golden. Und immer war Aschenputtel die Erwählte des Königssohnes. Aber dreimal entkam sie ihm, um rechtzeitig in ihre Identität als Aschenputtel zu schlüpfen. Taubenhaus und Birnbaum halfen ihr als Versteck. Beim dritten Mal verlor Aschenputtel auf der Flucht einen goldenen Schuh. An welchen Mädchenfuß dieser Schuh passt, wird bekanntlich zur Prüfung für die Schwestern und das Aschenputtel. Die bösen Schwestern bestehen sie nicht, endlich wird Aschenputtel erkannt, von seinem Sklavenhause erlöst und zur künftigen Königin.

Eine Erzählung zu Reinheit und Befreiung. Aschenputtel hat eine doppelte Identität. Eigentlich ist es unschuldig, rein und fromm. Konsequent wird es im Text als „es“, <u>das</u> Aschenputtel bezeichnet. Aschenputtel wird nicht als das arme Ding im schmutzigen Kittel erwählt, sondern als die rätselhafte, reine Schönheit. Am Ende fallen die beiden Identitäten zusammen, weil der Königssohn die wahre entdeckt. Es wird aus seinem Sklavenhaus befreit. Aber nur wenig tut der Königssohn dazu.

Er geht ihm zwar nach, aber die entscheidende Hilfe, die hochzeitlichen Kleider, kommen von den guten Mächten, mit denen Aschenputtel in Verbindung steht. Sie haben mit der Mutter zu tun und mit der Kinderzeit – und sie werden Schritt für Schritt aus Aschenputtels Leben vertrieben, indem der Vater das Taubenhaus und den Birnbaum zerstört. Aschenputtel wird aus dem Vaterhaus und aus der Kinderzeit befreit, um als erwachsene Frau mit dem Mann ihres Lebens zu leben. Damit endet die Geschichte; wie das erwachsene Leben weitergeht, interessiert nicht mehr.

Anhängliche Liebe und Erwählung, Reinheit und Befreiung und der Segen, der von den Vorfahren her kommt – wir haben in unserem Kulturkreis Erzählungen zu diesen Themen und bestimmte Muster, wie wir die Beziehungen der Personen untereinander verstehen.

Hören Sie auf diesem Hintergrund den Predigttext, Deuteronomium 7,6-12, von der Liebesgeschichte Gottes mit seinem Volk.

[...] ein heiliges Volk bist du für Adonai, deinen Gott.

Dich hat Adonai, dein Gott, erwählt, für ihn ein Volk des Eigentums zu sein aus allen Völkern, die auf dem Erdboden sind.

Nicht weil ihr zahlreicher wäret, als alle Völker,

hängt Adonai an euch und hat euch erwählt –

(denn ihr seid das Geringste von allen Völkern) –

sondern weil Adonai euch liebt und weil er den Schwur hält, den er euren Vätern geschworen hat,

führte euch Adonai heraus mit starker Hand und

hat euch erlöst aus dem Haus der Sklaverei, aus

der Hand des Pharao, des Königs von Ägypten.

So erkenne, dass Adonai, dein Gott, der Gott ist, der treue Höchste, der den Bund hält und die Barmherzigkeit denen, die ihn lieben und seine Gebote halten, bis ins tausendste Glied,

der aber vergilt ins Angesicht denen, die ihn hassen, um sie zu vernichten. [...]

So halte das Gebot und die Satzungen und die Gesetze, die Ich dir heute gebiete, sie zu tun.

Und es wird geschehen, als Folge davon, dass ihr diese Gesetze hört und sie bewahrt und tut, wird auch Adonai, dein Gott, dir gegenüber den Bund und die Barmherzigkeit bewahren, die er deinen Vätern geschworen hat.

Von Gott geliebte Gemeinde,

auch in der Geschichte Gottes geht es wirklich um anhängliche Liebe, mit allem, was dazu gehört, Erwählung und Befreiung, Reinheit und Verlässlichkeit. Damit die Gottesliebe nicht gleich in einer kirchlichen Sonderkategorie verschwindet, rücke ich ihre Geschichte ganz in die Nähe von weltlichen Liebesgeschichten. Die Liebe ist nicht eine völlig andere. Aber die Beziehungen in der Gottesgeschichte sind anders, als in den weltlichen Geschichten. Wenn ich auf diese Verschiedenheiten eingehe, dann tue ich es deswegen, weil mir scheint, dass wir Gottes Liebe immer wieder in den Mustern dieser anderen Geschichten deuten – und dabei geht sie verloren.

Ich fange wieder mit der Erwählung an. Erwählt wird in den Sagen und Märchen der Mann / das Mädchen, das in Wahrheit gut ist. Oft ist die Reinheit und Sanftmütigkeit verborgen unter einem unansehnlichen Äußeren. Inneres Sein und äußerer Schein decken sich nicht. Aber es besteht für die Zuhörer kein Zweifel daran, wer gut ist, und die Prüfung zu Recht bestehen wird.

So ist es nicht bei Gott. Gottes Volk ist wirklich das Geringste, und das ist kein Aschenkleid über der wahren Prinzessin. Die Identität von Gottes umworbener Braut ist eindeutig. Während weltliche Erwählungsgeschichten beginnen, weil die Braut Zweifel hat, ob einer der Gute und würdig ist, steht zwischen Gott und seinem Volk außer Zweifel, dass es nicht gut und nicht würdig ist. Ganz am Anfang erzählt die Sündenfallgeschichte das Wissen, dass kein Mensch und keine Gemeinde in ursprünglicher Reinheit vor Gott tritt. Beweise des Gegenteils werden keine verlangt. Gottes Liebesgeschichte bestärkt nicht den kindlichen Traum vom Vollkommensein, sondern hilft uns, uns selbst wirklichkeitsgetreu und dennoch liebevoll anzusehen.

Aber deswegen ist die Erwählung auch keine Prüfung. Gottes Erwählung ist eine Wahl aus Liebe, und nur in Gottes unbegründeter Liebe hat sie ihren Anfang. Bloß wir, mit unserem Muster von der Prüfung, machen immer wieder ein „wenn – dann" daraus. Aber die Geschichten vom prüfenden „wenn – dann" sind keine von Gottes Liebe. Deswegen heißt es auch am Schluss im hebräischen Text nicht: Wenn ihr diese Gesetze hört und bewahrt usw. sondern so umständlich: Es wird geschehen, als Folge davon, dass ihr diese Gesetze hört und bewahrt (usw.), wird Gott die Barmherzigkeit bewahren.

Am Anfang steht nicht die Prüfung, sondern die Liebe, und zwar eine Liebe, die nicht nur schön findet und keinen Tanz auslässt mit der Schönheit, die notwendige Befreiung aber anderen guten Mächten überlässt. Gott in seiner Liebe vollbringt selbst die Befreiung. In Gott fallen der suchende Brautwerber und die helfenden himmlischen Mächte zusammen. So versteht Israel seine historische Erfahrung, in der Gott ein Vielvölkergemisch aus Fronarbeit befreit und geeint und geheiligt hat. Aber so ist ja auch die individuelle Erfahrung mit der Liebe, die ohne Prüfung beginnt: dass sie frei macht und mutig und alles rein, uneigennützig und unverdorben, was in ihr geschieht. Die Liebe macht heilig.

Gott ist selbst der Brautwerber, und das bedeutet zugleich: nicht der gute Geist der Mutter ist göttlich. Und auch die biblischen Väter sind es nicht. Sie sind Menschen gewesen und geblieben, die ersten nur, denen Gott sich versprochen hat. Und daher werden sie zum Segen. Nicht Mutter oder Vater ist Gott – und darum muss Gott auch nicht mit den Kinderschuhen abgelegt werden.

Was ist dann aber das Spannende?

Von Gott geliebte Gemeinde,

das Spannende kommt dann erst. Im Aschenputtel werden die guten Mächte mit der Kinderzeit zurückgelassen, und es beginnt das erwachsene Leben ohne numinosen Glanz. Aber so ist es mit Gottes Liebesgeschichte nicht. Der rettende Gott des Himmels und der Erde ist zugleich der Liebhaber und Bräutigam, und die Verbundenheit mit ihm gehört zu keiner Vergangenheit, sondern sie liegt in der Zukunft. Die Geschichte hört nicht mit der gelungenen Erwählung auf, sondern sie beginnt da erst. Das Spannende ist, wie diese Liebe lebendig bleibt, wie sie immer wieder befreit oder vor Versklavung bewahrt, wie sie immer wieder alle Regungen und Handlungen und Gottes ganzes Volk rein macht, weil es aus der liebevollen Verbundenheit mit Gott lebt. Das ist die Geschichte von der Bewahrung des Bundes auf beiden Seiten. Das ist die Geschichte, die wir hier miteinander Jahr für Jahr aufführen und weiterführen, im Halten des höchsten Gebotes von Gottesliebe und Menschenliebe und seinen vielen Folgen. Liebesgeschichte Gottes mit seinem Volk.

Da ist noch ein letzter entscheidender Unterschied zwischen den weltlichen und der biblischen Liebesgeschichte: Unser Gott erwählt sich ein Volk zur Braut, in den Bund Israels tritt eine Gemeinde aus vielen Menschen mit ein. Wir heute können Liebesgeschichten nur individuell verstehen, und auch unsere Glaubensgeschichten halten wir für individuell – bis dahin, dass viele auf Gemeinde ganz verzichten. Aber Gott hat sich zuerst ein Volk erwählt und dann darin und dafür einzelne Menschen. Und wie sollte ich auch als einzelner Mensch Gottes großer Liebe gerecht werden – und all den Aufgaben, für die sie die Augen öffnet und das Herz, weil so vieles in der Welt Gottes Liebe betrübt? Da braucht es die Gegenliebe einer ganzen Gemeinde und Christenheit. Amen.

16. Sonntag nach Trinitatis 5.10.2003

Johannes 11,1.3-10.17-46

Paul Biegel, Die Gärten von Dorr

Liebe Gemeinde,

ein österliches Zwischenspiel mitten im Herbst – wir verdanken es dem Evangelium für diesen Sonntag. Es ist eine lange und spannende Erzählung aus dem Johannes-Evamgelium. Nur fürchte ich, dass die Hauptpersonen so in unseren ehrfürchtigen Erwartungen gefangen sind, dass sie steif stehen wie byzantinische Mosaiken auf dunkelblauem Grund. Alle haben goldene Heiligenscheine und gar nichts ist mehr spannend. Deswegen werde ich erst eine andere Geschichte erzählen, die manche Gemeinsamkeiten mit dem Evangelium hat, und hoffe, dass wir danach mit neuen Ohren auf die biblische hören können.

Die Geschichte handelt von einer Prinzessin und einem Gärtnerjungen, die von klein auf miteinander im Schlossgarten spielten und sich sehr lieb hatten. Aber wie man schon ahnen kann bei dem ungleichen Paar, blieb ihre Freundschaft nicht ungestört. Die Zauberin Sirdis, die sich beim König eingeschlichen hatte, bestimmte, dass die beiden getrennt werden müssten, sowie die Prinzessin alt genug war, um Schulunterricht zu bekommen. Sie erhielt Hausarrest und durfte den Gärtnerjungen nicht mehr sehen. Davon wurde sie wie ein welkes Blümchen, und der König erwirkte, dass sie wenigstens samstags und sonntags wieder im Garten spielen dürfe. Da sagte der Junge: eines Tages werde ich doch weggehen müssen von hier. Und die Prinzessin sagte: Aber wenn ich Königin bin, musst du wieder zurückkommen. Und nannte ihn „Kommzurück". Und der Junge sagte: Dann erst recht nicht. Verlier mich nicht! Und er nannte sie so: „Verliermichnicht." Die Zauberin Sirdis sah, wie lieb sie sich hatten, und dass der König nichts dagegen unternahm. Und so griff sie endgültig ein. Sie verwandelte Kommzurück in eine seltsame, mannshohe Blume. Die stand nun unter der Birke im Schlossgarten, mit zwei blauen Tupfen wie Augen in der Mitte. Und Verliermichnicht, nachdem sie eine Weile vergebens nach dem Gärtnerjungen gesucht hatte, begriff, dass er diese Blume war. „Kommzurück" rief sie, und verbrachte den ganzen Sommer über jede freie Stunde bei ihr, begoss und beweinte sie. Eines Tages im Spätsommer, als die Prinzessin wieder zur Birke kam, war die Blume verwelkt, und sie glaubte, nun werde Kommzurück sterben. Die Blütenblätter wirbelten zu Boden, und über dem Stengel blieb ein Samenkorn übrig. Das pflückte Verliermichnicht ab.

Es gab aber noch einen liebevollen Menschen auf dem Schloss, das war der Spielmann. Er überraschte Verliermichnicht mit dem Samenkorn und drängte sie, ihm zu vertrauen und seinen Rat gut zu befolgen. Das Samenkorn sollte sie in einer silbernen Kapsel um den Hals bewahren und fort

gehen vom Schloss, außer Reichweite der Zauberin. Er hatte ihr nämlich das Geheimnis der Blume entlockt. Halt mal das Samenkorn an dein Ohr!, forderte er Verliermichnicht auf. Und als sie es an ihr Ohr hielt, hörte sie ein Pochen, wie von einem Herzen, das war nicht ihr eigenes, es war in dem Samenkorn. Im Frühling, erklärte der Spielmann, musst du es aussäen an einem sicheren Ort.
Verliermichnicht verließ das Schloss, ging in die Berge und verdingte sich bei einem Ziegenbauern. Als es Frühling wurde, steckte sie das Samenkorn in die Erde. Tatsächlich ging wieder die Blume auf, und beinahe hätten die Ziegen sie gefressen. Verliermichnicht schützte sie mit einer Dornenhecke, goss sie und bewachte sie, und im späten Sommer, als sie welkte, pflückte sie das Samenkorn wieder ab. Ein alter Mann kam vorbei und riet ihr, das Samenkorn müsse in eine ganz andere Erde gelegt werden, aber er wusste nicht wo.
Den dritten Sommer verbrachte Verliermichnicht daher mit den Geißen und der Blume Kommzurück hoch in den Bergen. Die Blume ging auf und blühte den ganzen Sommer, aber am Ende verwelkte sie wieder, und Verliermichnicht hatte nur das Samenkorn. Weil aber fast ein Blumensammler die seltene Pflanze geschnitten hätte, verbarg Verliermichnicht sich den vierten Sommer in einem schwer zugänglichen Tal voller Bergblumen. Da fand sie der Spielmann, der sie lieb hatte, und der sie nachhause zurückholen wollte. Er meinte, die Blume könne ja in dem Tal gut bleiben. Aber Verliermichnicht wollte Kommzurück nicht verlassen. Sie wollte in einer Grotte überwintern, und der Spielmann beschloss, ihr zu helfen. Er wanderte zurück in das Schloss, riskierte eines Tages Kopf und Kragen und überlistete die Zauberin ein zweites Mal. Sie verriet ihm, in welche Erde das Samenkorn gelegt werden müsse, damit der Gärtnerjunge ins Leben zurückkäme. Als der Spielmann im Herbst wieder zum Tal der Blumen kam, rief er Verliermichnicht zu: Ich weiß es jetzt, das Samenkorn muss in die Gärten der Stadt Dorr gesät werden. Aber Verliermichnicht hockte untröstlich bei dem verwelkten Blumenstengel. Das Samenkorn war fort. Es war nicht einfach zu Boden gefallen, sie konnten es nirgends finden.
Den ganzen sechsten Sommer über suchten sie miteinander im Gebirge nach der Blume, die doch vielleicht irgendwo aus dem fortgetragenen Samenkorn aufgegangen sein mochte. Am Ende fanden sie sie, schon verwelkt, in einer Vase im Haus des Jägers. Gerade noch konnte Verliermichnicht das Samenkorn von der sterbenden Blume pflücken. Und dann brach die Prinzessin unverzüglich auf zur vergessenen Stadt Dorr. Dem Spielmann war nicht geheuer, was er von der Stadt gehört hatte. Als er aber Verliermichnicht nicht abhalten konnte, sie zu suchen, folgte er ihr heimlich.
In einem leckenden Kahn brachte ein widerwärtiger Zwerg die Prinzessin über den schwarzen toten Fluss. So gelangte sie nach Dorr. Aber wie sank ihr der Mut, als sie die Stadt erreichte! In ihr wuchs kein einziger Halm. Die Gassen lagen menschenleer und eine glich der anderen, so dass sie bald den Rückweg nicht mehr fand. Was immer sie von seltsamen Menschen oder unter großer Gefahr er-

fuhr, machte sie verzweifelter. Dorr war verzaubert. Die Glocken im Stadtturm hielten die Zeit gefangen. Schlugen sie zur Tag- und Nachtgleiche im September, wurde es Herbst und Winter, schlugen sie zur Tag- und Nachtgleiche im März, wurde es Winter und Herbst. Dunkel und trostlos, ließ sie jeden Menschen, der sie betrat, altern und verdorren. Die Gärten von Dorr waren verschwunden, niemand wusste, wohin. Für das pochende Herz im Samenkorn aber rückte der siebte Sommer heran, war es Frühling und höchste Zeit, dass es ausgesät würde. Die Glocken des Stadtturms schlugen die Tag- und Nachtgleiche und kehrten die Zeit zum Winter zurück.

Ohne jede Hoffnung mietete Verliermichnicht sich in ein Hotel ein. Dessen Besitzer nun hatte über die ganzen Jahre, die Dorr verzaubert war wie tot, seine Pflichten täglich verrichtet. Und dazu gehörte, dass er im Innenhof seines Hauses ein kleines Stück blanker Erde, vormals ein Rosenbeet, täglich geharkt und begossen hatte. Es war das erste und einzige Fleckchen Erde, das Verliermichnicht in dieser Stadt zu sehen bekam, und da sie keine andere Wahl hatte, legte sie das Samenkorn dort ein. Binnen weniger Tage wuchs die Blume Kommzurück aus dem Beet. Über Dorr wurde der Himmel heller. Die Menschen in den Gassen wurden mutiger, und der Spielmann bestärkte sie darin mit frechen Liedern. Aber als der Stengel eine Knospe hatte, wurde daraus nicht eine Blüte wie sonst, sondern die Blume begann ganz ungewohnt zu wachsen und sich zur regen, und ringend und schreiend stieg aus der Erde ein junger Mann mit viel zu klein geratenen Kleidern. Kommzurück war zurück gekommen.

Er beachtete aber Verliermichnicht mit keinem Blick, sah auch sonst niemand an, sondern marschierte einem inneren Kompass folgend bis durch eine Mauer hindurch und fand die Gärten von Dorr. Dort wurden hunderte von Blumen zu den jungen Männern, die sie einst gewesen. Wie man sich denken kann, war die ganze Stadt von derselben Zauberin verhext, wie der Gärtnerjunge. Die einstige Königin eilte in ihre Stadt zurück, wurde aber besiegt und Dorr erlöst. Dann konnten auch Kommzurück und Verliermichnicht sich endlich finden.

Liebe Gemeinde,

auch im Evangelium für diesen Sonntag geht es um Menschen, die sich gegenseitig lieb haben. In der Kraft, die ihnen das gegenseitige Zutrauen schenkt, überwinden sie miteinander den Tod. Zum Hintergrund: Jesus ist mit knapper Not der Steinigung wegen Gotteslästerung entronnen und hält sich jenseits des Jordan auf, dort, wo seine ganze Sendung begann, eine Tagereise weit von Jerusalem. Weil er gewissermaßen auf den Fahndungsplakaten in der Hauptstadt steht, ist sein Handlungsspielraum klein. Die Initiative zu den Ereignissen ergreift Martha, immer wieder Martha von Bethanien, zwei, drei Kilometer weit vor Jerusalem. Und so nimmt das Wunder seinen Lauf, und das Verhängnis, und letztlich die Erlösung der Welt.

Ich lese Johannes 11, um ein paar Verse gekürzt. (Züricher)

„Glaubst du das?“

Liebe Gemeinde, sollen wir für sachlich richtig halten, was da von dem verstorbenen Lazarus auf Papier steht? Oder sollen wir das denken können, was Jesus von sich selber aussagt: ICH BIN die Auferstehung und das Leben? Wer wollte dann Ja sagen auf Jesu Frage? Im Herzen des Johannesevangeliums diese Geschichte vom Glauben, der Tote lebendig macht. Im Herzen der Erzählung das volle Bekenntnis; Martha sagt: Du bist der Christus, der Sohn Gottes, der in die Welt kommen soll. Die Geschichte wird eben dazu erzählt, unseren Glauben zu stärken. Wie tut sie das? Drei verschiedene Menschen hat Jesus lieb. Drei vertrauen ihm auf ihre Weise, weil sie in Liebe mit ihm verbunden sind. Für Johannes geschieht Glauben so, in gegenseitiger Liebe, und alles, was man wissen kann, und was man tun muss, ergibt sich daraus. Die Frage an uns heißt vielleicht besser:

Und wie glaubst du?

Glaubst du wie Martha? Sie stärkt Jesus durch ihr Zutrauen und ihre Initiative. Lazarus ist, wenn man nachrechnet, noch am selben Tag gestorben, an dem der Bote zu Jesus aufgebrochen war. Aber Martha versichert Jesus nicht nur, dass er ihn hätte retten können, wenn er da gewesen wäre, sondern auch, dass er noch jetzt beim Herrn des Lebens Fürbitte einlegen kann. Marthas Vertrauen in Jesus sieht so aus, dass sie sich von ihm alles vorstellen kann und alles erwartet. Darum kann Jesus ihr seine un- denkbare Selbstvorstellung zumuten. Und darum kann sie ihn glauben als den, der von Gott herkommt und mit Gott verbunden ist.

Oder glaubst du wie Maria? Sie rührt Jesus so an und auf, dass er handelt. Von Martha ermutigt, als hätte Jesus selbst sie gerufen, wovon gar nicht die Rede ist, geht Maria zu ihm, in Tränen aufgelöst und niedergeschlagen, wie sie ist. Ihr folgt die Trauergesellschaft, mehr Menschen, die weinen, Menschen auch, die zu Zeugen werden. Auch sie traut Jesus zu, dass er Lazarus gerettet hätte, wenn er zugegen gewesen wäre. Aber jetzt kann sie sich gar keinen Ausweg mehr vorstellen, und so wirft sie sich Jesus zu Füßen, liefert sich ihm ganz aus. So entfacht sie Jesu heiligen Zorn gegen das Reich des Todes.

Oder glaubst du wie Lazarus? Er fordert Jesus heraus zum Wunder. Seinetwegen offenbart Jesus in der Welt seine Macht und verherrlicht Gottes Namen. Lazarus ist erst siech und dann verstorben, und man könnte meinen, dass über seinen Glauben gar nichts berichtet wird. Aber Glauben ist eben nicht die Tat eines Menschen, sondern eine Beziehung zwischen Christus und ihm, und dann ist Glauben als erstes, wie sehr Jesus ihn liebte. In dieser Liebe riskiert er sein eigenes Leben. Diese Liebe hört Lazarus – und folgt ihrem Ruf, kommt aus der Totenruhe zurück.

Wie glaubst du? Wozu wird Christus durch dich bewegt?

Lassen Sie uns unseren christlichen Glauben bekennen und darauf achten, wie er sich anhört, nach dieser Geschichte.

Predigten zu besonderen Anlässen

Predigtreihe in St. Klara März 2004

Der lebendigen Stimme des Evangeliums vertrauen.

Gottes Gegenwart in seinem schöpferischen Wort.

Evangelium: Johannes 6, 48+50.60-63.66-69

Cornelia Funke, Tintenherz

Liebe Gemeinde,

Christus ist mitten unter uns im Wort und als das Wort aus Gottes Herzen.

Gottes Wort wird bei uns Menschen fassbar in dreierlei Gestalt oder besser noch in dreierlei Prozessen: beim Reden und Zuhören im Gottesdienst; beim Lesen der biblischen Texte; in dem Menschen Jesus von Nazareth, Gottes „Sohn", und den Erfahrungen mit ihm. Alle drei Gestalten sind unlösbar miteinander verbunden. In ihrer Verbindung tragen sie die kostbare Verheißung, dass sie Christus unter uns gegenwärtig machen und uns schon jetzt mitten in Gottes Reich versetzen. Nur weil Rede eine Reihenfolge hat, gehe ich nacheinander auf das gesprochene und gehörte, das geschriebene und gelesene, das leibhaftige und erfahrene Wort ein. Jeweils gibt es dabei eine rein menschliche Seite und eine für den Glauben bedeutsame.

Eine Mutter in dem mühsamen Versuch, wenigstens eine halbe Stunde Sonntagsmittagsruhe zu gewinnen: „Nimm dir doch dein Buch und lies noch ein bisschen." Antwort: „Du sollst mir aber vorlesen." Die Geschichte wäre ja die gleiche, die Worte keine anderen, und doch bekommen alle Figuren und Ereignisse Atem und Stimme und die Gegenwart eines Menschen, der sie gerade so verbürgt. Was in Buchstaben aufbewahrte Ideen waren, wird lebendig und fühlbar. Das ist es jedenfalls, was die Geschichte in Cornelia Funkes Kinderroman „Tintenherz" ins Rollen bringt. Mit diesem Roman erläutere ich die menschliche Seite des Wortes.

In einer riesigen Villa in Oberitalien hat der Buchbinder Mortimer seine Werkstatt aufgebaut. Die Villa ist eine einzige Privatbibliothek, in der er jahrhundertealte Kleinode und Folianten wieder in einen ansehnlichen Zustand versetzt. Seine Tochter Meggie, zwölf Jahre, schaut ihm dabei zu. Die Hausherrin liest in ihrem Zimmer, und im parkweiten Garten übt ein Gaukler seine Jonglierstücke. Klingt wie eine Idylle. Ist aber keine. Das kann man schon daran merken, dass der Gaukler einen Marder mit Hörnern zum Freund hat, und dass ein unscheinbares modernes Buch im Safe aufbewahrt wird. „Warum liest du mir eigentlich nie vor?" fragt Meggie ihren Vater vorwurfsvoll.

Bis vor zwei Tagen hatten sie noch auf einem aufgegebenen Hof in Deutschland gelebt, der Vater und sie. Da war bei einfallender Nacht ein Mann aufgetaucht, abgerissen, mit langem schwarzen Mantel, fremd für Meggie, vertraut für ihren Vater, Staubfinger, der Gaukler. Der Vater war blass und seine Stimme fahl geworden, und es hatte eine Besprechung gegeben, von der Meggie ausge-

schlossen war, und eine Vereinbarung auf den anderen Morgen. Aber in aller Herrgottsfrühe hatte der Vater zu packen begonnen, hatte etwas von einem neuen Auftrag für sich und von vorgezogenen Sommerferien für Meggie gesagt. Was sie antraten, war eindeutig eine Flucht. Flucht, die misslang: Staubfinger fing sie ab am Tor, machte dem Vater das Gewissen schwer und durfte schließlich mitfahren. Das war nicht sein Auftrag und auch nicht sein Plan. Von Staubfinger erfuhr Meggie zum ersten Mal, warum sie mit dem Vater so oft und so hastig umziehen muss: der Vater wird gesucht. Gesucht von einem Gangster mit dem selbstgewählten Namen Capricorn, dessen Lebenszweck es ist, andere Menschen zu terrorisieren. Angeblich lebt er im Norden, tatsächlich hat er mit seinen Gefolgsleuten in ihren schwarzen Jacken ein verlassenes italienisches Dorf besiedelt. Er fordert den Buchbinder – und das unscheinbare Buch ohne Titel dazu. Als es im Safe verborgen werden sollte, schlich sich Meggie dazu und hörte, dass es als einziges übrig sei von der ganzen Auflage. Und sie erhaschte einen Blick in die Seiten und auf das Bild von einem Marder – mit Hörnern.
„Warum liest du mir eigentlich nie vor? Du kannst doch auch so gut erzählen, kannst alle Stimmen nachmachen, mal machst du es spannend, dann wieder komisch..." Aber der Vater geht nicht darauf ein, nicht auf eine Erklärung und schon gar nicht aufs Vorlesen.
Es dauert noch, bis Meggie und ihr Vater in einem lichtlosen Verschlag unter Capricorns Fuchtel sitzen, da erklärt er ihr, warum er hier „Zauberzunge" genannt wird, und warum er nie mehr vorliest. Vorlesen und Zuhören, mit blühender Phantasie, war die Lieblingsbeschäftigung für Mortimer und seine Frau Teresa. Er konnte lesen, dass sie die Welt um sich völlig vergaßen. So auch neun Jahre früher an einem Winterabend, sie lagen am Fußboden, Meggie zwischen sich, und ließen sich fesseln von den Feen und Kobolden, Rittern und Bösewichten in „Tintenherz". Und plötzlich polterten sie ins Zimmer, der Gangster Capricorn, neben sich seinen ergebensten Diener, den angstvollen Staubfinger am Schlafittchen. Mortimers Lesen hatte ihnen Atem und Stimme verliehen, hatte sie leibhaftig ins Leben gerufen. Capricorn war aus der phantasy-Welt in die Wirklichkeit gestiegen, und nur weil er einen Moment selbst noch verblüfft war, hatte er sich vertreiben lassen – vorerst. Seitdem setzte er Zauberzunge nach. Er wollte noch mehr von ihm herausgelesen haben aus dem Buch, mehr seiner Gefolgsleute, vor allem aber: seinen Schatten. Das war ein riesiges Tier, vielleicht ein Hund, eigentlich nur eine Wolke Rauch, den Capricorn rufen konnte, wie es ihm passte. Fiel er auf einen Menschen, so verhängte er Trostlosigkeit, Starre und Tod. Mortimer wollte nicht mehr vorlesen, sicher nicht aus „Tintenherz", um keinen Preis von dem „Schatten".
Liebe Gemeinde, so ähnlich wie mit Zauberzunges Vorlesen ist es mit Gottes Wort in seiner ersten Gestalt, gesprochen und gehört, angefangen beim lauten Vorlesen. Ein „mündlich Geschrei", für Luther war das seine entscheidende Gestalt. Und da sieht man doch gleich die Prediger vieler Generationen auf ihren hohen Kanzeln stehen, wie sie mit nichts als ihrer eigenen Stimme die großen

Kirchen füllen. Gesprochen und gehört, so kommt Gottes Wort zuerst zu uns. Nur, dass es nicht beim Vorlesen bleibt. Wenn jemand von dem erzählt, was sie in der Bibel gefunden hat, oder was er selbst von biblischen Geschichten hat sagen hören, dann verleiht er dem Wort nicht nur Atem und Stimme, sondern auch die eigene Sprache, eine Person, die dahinter und darin steht und die es zusagt, über die Ohren zum Herzen. Das Wort Gottes muss verkündigt werden, denn, wir haben es vorhin gehört: „Wie sollen sie an den glauben, von dem sie nichts gehört haben?" (Röm 10,14). So, vom Reden zum Hören, befreit es Jesus Christus aus den Seiten eines Buches und lässt ihn mitten unter uns treten. Oder wie es Luther in einer Weihnachtspredigt beschrieben hat: „Christus ist in der Schrift eingewickelt durch und durch, gleich wie der Leib in den Tüchlein. Die Krippe ist nun die Predigt, darin er liegt und greifbar wird, und daraus man Essen und Futter nimmt." (vgl. Barth, KD I/1, S.127). Die lebendige Stimme des Evangeliums, das klingt auf lateinisch noch viel schöner, es ist die viva vox evangelii. Luther war das die liebste Gestalt des Wortes, obwohl er sich doch in die biblischen Schriften vertieft hat wie kaum einer sonst.

Aber damit komme ich zur zweiten Gestalt, dem Wort als geschrieben und gelesen, den Texten im Neuen und Alten Testament und ihrer Auslegung. Texte sind der Bauplan für eine eigene, farbige Welt, und so, wie Ereignisse aus jener Welt hier für uns ganz plastisch werden können, so können sich Menschen auch in diese fremden Welten hinein versetzen.

Eigentlich geschieht beides gleichzeitig, und so ging es auch Meggies Vater. Damals, als Capricorn mit seinem Helfershelfer, Staubfinger und der Marder erschienen, hatte das seinen Preis: im selben Moment war seine Frau, Meggies Mutter verschwunden, samt ihren beiden Katzen, und tauchte nie wieder auf. Es gab keine bessere Erklärung als die, dass sie statt der Männer in dem Buch verschwunden und in seiner Geschichte aufgegangen war. Jedesmal, wenn Mortimer – in dem verzweifelten Versuch, Teresa wiederzugewinnen – etwas aus der Welt der Erzählung herausgelockt hatte, war etwas oder jemand aus der Welt des Lebens hinein verschwunden. Deswegen mehr noch als wegen der Gestalten, die erschienen, weigerte er sich schließlich vorzulesen. Und doch klammert er sich an das Buch als letzte Hoffnung und hütet es wie einen Augapfel. Meggie kennt ihre Mutter nur von Fotos, goldblondes langes Haar, eine feine Nase, blaue Augen.

Als die Gefangenen endlich vor Capricorn geführt werden, bringt man sie durch die blut- und feuerrot ausgemalte Kirche des Dorfes bis vor den Altarraum. Auf einer Art Thron sitzt Capricorn. Auch Staubfinger hat sich eingefunden. Er hofft auf die entscheidende Lesung. Zwei große Metalltonnen stehen bereit und zwei große Kisten mit Büchern. Eigentlich ist es nur ein Buch. Gut zwei Dutzend Ausgaben von einem einzigen Buch. Die letzten. Und die, die Meggie wider Willen mitbringt, wird ihr entrissen und als erste in eine Tonne geworfen. Die anderen fliegen hinterher. Einer der Männer gießt Benzin über die Haufen. Ein anderer hält den entsetzten Staubfinger fest. Ein dritter setzt Feuer an die Beute. Staubfinger tritt sich los und reißt ein, zwei Bücher aus den Flammen, schon verkohlt. Er ist verzweifelt. Eine Welt geht da im Feuer zugrunde. Seine Welt. Deswegen ist er all die Jahre hinter Mortimer her, deswegen hilft er seinen ärgsten Feinden – weil er unverbesserlich hofft, dass er eines Tages zurückgelesen werden kann in seine Heimat. Die fackelt nun unwiederbringlich ab. Aber nicht nur Staubfinger ist verzweifelt. Auch Mortimer steht kreidebleich und zitternd da. Die Geschichte, in der Teresa verschwunden ist, zerfällt zu Asche. – Am Ende der Vorstellung hält Capricorn die Verzweifelten noch einmal zum Narren. Er zieht ein Buch hervor – ein allerletztes, von seiner Geschichte im Feenland, in das er nie mehr zurückzukehren wünscht. Das verbirgt er sorgfältig bei sich. In der Nacht befreit Staubfinger Mortimer mit Meggie. Dann trennen sich die Wege.

So ähnlich, liebe Gemeinde, wie mit Staubfingers Welt, ist es mit der Bibel, mit Gottes Wort, geschrieben und gelesen. Ein Buch ist der Bauplan für eine ganze und wirkliche Welt. Die einen sehnen sich hinein, die anderen fürchten sie. In Buchstaben gebannt, wird die Geschichte zwar festgelegt, aber sie wird zugleich befreit, von einem bestimmten Ort und einer bestimmten Situation befreit in die Zeitlosigkeit. Die Texte in der Bibel haben einen ganz eigenen Charakter: sie sind offen für Gott. Sie halten die Erinnerungen an Gottes Wirken bei den Menschen fest – und an welchem Ort auch immer die Texte gerade aufgeschlagen werden, im Lesen werden die Erinnerungen lebendig und Gottes Wort. Christlich geprägt sein heißt, zuhause sein in der Welt dieser Geschichten. Uns ist eine Welt vertraut, in der alle den Mindestlohn zum Leben bekommen, auch wenn sie nur eine Stunde dafür gearbeitet haben. Eine Welt, in der jemand nicht sagt: „Ah, einer von denen, geht mich nichts an“, sondern sich aufhalten lässt auf dem Weg, sich bekümmert um den Geschundenen und für Nachsorge einsetzt. Eine Welt, in der eine die heilige Gastfreundschaft verletzt, weil dieser Gast ihr viel mehr geben kann, als sie ihm, ja weil er gewinnt, wenn sie nimmt. Wir gehören zu einer Welt, in der einer sich selbst verlieren würde, wenn er sich mit Gewalt wehrte, statt dessen sich und uns allen das Leben gewinnt, weil er umkommt. Diese und viele andere Geschichten von Jesus und über Jesus und die Menschen um ihn sind unsere Welt! aufgehoben in einem Buch, aber immer wieder ganz lebendig und gegenwärtig im Lesen. Sie sind der Plan für Gottes Reich.

Schon Mortimer mit seinem bloßen Vorlesen hat die Welt des Textes und die Welt, in der er lebte, erheblich verändert. Das Auslegen biblischer Texte bleibt nicht beim Vorlesen, sondern geschieht im Antworten und im Schaffen unserer eigenen Versionen von einer Erzählung. Aber das Wort Gottes in seiner dreifachen Gestalt hat eine noch größere Kraft. Wie das sein kann, möchte ich zunächst mit dem Schluss von Meggies Geschichte erläutern.

Weder Mortimer noch Staubfinger konnten Ruhe finden. Staubfinger wollte das letzte Buch. Er versuchte, es mit Hilfe einer Magd Capricorns zu stehlen; beide wurden ertappt und bis zu ihrer

Hinrichtung gefangengesetzt. Mortimer gab das Buch auf, aber nicht alle Hoffnung. Er holte sich den Autor zuhilfe. Fenoglio, der die ganze Geschichte erfunden hatte, die da plötzlich durchs Lesen aus dem Ruder lief, der musste doch einen Ausweg wissen. Es dauerte nur zwei Tage, da hatten Capricorns Leute Fenoglio und Meggie aufgestöbert und in ihr Dorf verschleppt. Nur Mortimer war zufällig nicht da.

So sitzt Meggie mit dem alten Fenoglio in einer Kammer in Capricorns Haus. Vorher wurde da ein Mann eingesperrt, den Capricorn ersatzweise zwang, ihm allerlei aus „Tintenherz" und aus anderen Büchern herbeizulesen. Einige wenige sind in der Kammer geblieben, unter ihnen „Peter Pan". Meggie kennt die Geschichte zwar in- und auswendig, aber sie sehnt sich so danach, alles hinter sich zu lassen, zu fliehen aus der entsetzlichen Gegenwart, sich ganz zu versenken! Meggie liest sich fort und in die Geschichte von Peter Pan – bis plötzlich ein helles Klingeln den Raum erfüllt, Licht ihn durchflutet – und Tinker Bell, die Fee gegen die Decke hinauf schwebt. Meggie – Zauberzunge. Sie kann es auch.

Es wird sofort bekannt. Zusammen mit der verzweifelt klingelnden Fee wird sie vor Capricorn in die Kirche geführt. Da hängen zwei Netze vom Gewölbe. In dem einen Staubfinger. Und in dem anderen? Die Frau mit den langen blonden Haaren und der feinen Nase? Resa heißt sie? Meggie fällt eine Ahnung aufs Herz. Je länger sie sich erinnert, desto sicherer ist sie sich: Ihre Mutter schwebt da in Lebensgefahr. Capricorn ist höchst zufrieden. Nun braucht er Meggies Vater nicht abzuwarten. Nun kann es losgehen.

Mit polternder Vorfreude bereiten die Schwarzjacken ein Fest vor, wie es noch keines gab im Dorf. Endlich einmal wieder eine ordentliche Hinrichtung – eine doppelte sogar, Staubfinger und diese unselige Magd. Und außerdem wird sie durch einen alten Bekannten geschehen, endlich wird der Schatten wieder auftauchen. – In der Kammer sitzt Fenoglio und schreibt und schreibt. Fieberhaft füllt er Blatt um Blatt, Blatt um Blatt zerreißt er. Meggie wird abgeführt, um die Stelle im Buch schon einmal durchzulesen – sie soll nur ja keinen Fehler machen. Fenoglio schreibt die ganze Nacht. Am nächsten Morgen endlich ist er so weit. Meggie kann üben, seine Schrift zu lesen, kann üben, das Blatt unmerklich aus dem Ärmel zu schmuggeln.

Sommerabend. Meggie sitzt auf der Tribüne, nebenan Capricorn auf seinem Thron, ihre Mutter in einem Käfig hinter ihr. So viele Einzelheiten, die gut gehen müssen! Das Buch wird vorgetragen. Meggie liest. Unter ihrer Stimme und Fenoglios Worten erhebt sich Capricorns Schatten, grau und gesichtslos, mit glutroten Augen, ein Geschöpf aus all seinen Opfern. Aber dann liest Meggie von Schmerzen in diesem Wesen, Schmerzen, die ihm all die gewaltsam Verstorbenen bereiten. Qual, die er gegen seinen Herrn wendet. Capricorn wird verärgert, ängstlich. Und dann kann Meggie nicht mehr weiter. Sie schafft es nicht. Im aufkommenden Durcheinander nimmt ihr jemand das Buch aus der Hand – Zauberzunge liest. Er liest fesselnd wie nur je, liest das neue Ende der Geschichte, die umgeschaffene Welt. Und ehe Capricorn sich wehren kann, sind er und seine engsten Helfershelfer gestürzt und verschwunden. Panik bricht aus. Derweil erklingt die Geschichte von dem Schatten, der zusammenbricht und all die Menschen, Tiere, Feen und Kobolde freisetzt, die Capricorn auf dem Gewissen hat. Während sie sich aufrappeln und die Augen reiben, wird es leer auf den Fluchtwegen. Die Anhänger Capricorns verschwinden an ihrer Statt in die Geschichte. Der Schatten löst sich auf. Nur Staubfinger, dem es zwischendurch gelungen war zu fliehen, hat seine letzte Chance verpasst, wieder heim zu kommen. Mitten in der sehr bunten Gesellschaft aus einer völlig anderen Welt finden Mortimer, Resa und Meggie wieder zusammen, nach neun Jahren.

Fenoglio hat der Geschichte ein neues Ende erzählt. Im Verein mit Zauberzunge sind daraus Worte des Lebens geworden: Das Leben zweier Menschen haben sie vor der Zerstörung gerettet und die zerstörten Leben vieler Menschen wieder gewonnen. Liebe Gemeinde, so ähnlich ist es mit dem Evangelium. **Das Evangelium Jesu Christi ist Gottes Umerzählung für die Geschichte dieser Welt.** Schon manche Gleichnisse Jesu sind solche Umerzählungen. Ob Gottes Fest stattfindet, hängt nicht daran, dass die würdigen geladenen Gäste erscheinen, sondern es findet auf jeden Fall statt und macht die würdig, die es feiern. Und wenn einer zum Vater zurückkehrt nach dem Versuch, aus eigenen Kräften zu leben, sagt der nicht: du hast dein Teil gehabt, sondern feiert das Wiedersehen.

Jesu Worte: Worte des Lebens – für die einen, jedoch: harte Rede für die anderen. Verstanden haben sie alle. Jesu Worte stellen neue Geschichten neben unsere Strukturen und Ordnungen und Gewissheiten. Und die Nachbarschaft ist beunruhigend. Auf der Schnittkante zwischen den Erzählungen und unserem Leben entstehen Sätze wie „Sorget nicht, denn euer himmlischer Vater sorgt für euch." – „Tut wohl denen, die euch hassen." – „Selig sind, die arm sind vor Gott." Jesus erzählt nicht nur von Gottes Reich, seine Erzählungen machen diese Welt zu Gottes Reich. Da geschieht noch mehr als immer schon beim Lesen und Hören. Jesu Worte haben ihre Kraft aus der Gestalt des Wortes Gottes, die uns noch fehlt: Jesus selbst, Gottes „Sohn", und den Erfahrungen, die Menschen mit ihm gemacht haben. In ihm hat Gott sein Innerstes sichtbar und hörbar gemacht, Leib und Blut werden lassen. **Die Geschichte Jesu Christi ist Gottes Umerzählung für diese Welt.** Er hat der Geschichte dieser Welt ein neues Ende geschaffen. Gott nämlich, der Autor oder Urheber dieser Welt, ist nicht jenseits geblieben, sondern macht sich mitten in seinem Werk gegenwärtig. Die Gesetze dieser Welt sind nicht ewig; sie kamen aus Gottes Wort und sie vergehen wieder vor ihm. Wir gehen in unserem Leben nicht darauf zu, im Tod zu enden, sondern Gottes Reich kommt uns entgegen, immer näher, bis wir bei Gott leben werden. Amen.

"Empfangt, was ihr seid: Christi Leib." Christi Gegenwart in seiner feiernden Gemeinde
Evangelium: Johannes 15,1-8
Velma Wallis, Zwei alte Frauen

Bleibt in mir und ich in euch! Liebe Gemeinde,
wie haben Sie die Worte gehört? Haben Sie sich je für sich angesprochen gefühlt? Oder haben Sie die Aufforderung gehört für diese ganze Gottesdienstversammlung, die ganze Gemeinde hier auf dem Eselsberg? "Wer in mir bleibt und ich ihn ihm, bringt viel Frucht." Ich vermute mal, dass Sie die Worte eher auf sich persönlich bezogen haben und nicht auf die Gemeinde. Für uns ist gewöhnlich der Einzelnen das erste, in der Gesellschaft und in unserem Alltag und so auch in der Kirche. Unsere Identität begreifen wir vor allem persönlich. Einzelne Glaubende kommen zusammen, jede und jeder entscheidet sich selbst dazu, und dadurch entsteht die Gemeinde. Mit dieser Vorstellung kommen wir in den Gottesdienst und hören unseren Evangeliumstext. Wir behaupten: jeder ist seines Glückes Schmied. Selbst wenn wir erleben, dass das gar nicht wahr ist, trotzdem sehen wir uns selbst und andere immer als einzelne. Und das macht es uns schwer zu begreifen, was im Gottesdienst geschieht.
Im Gottesdienst geht es um eine Gemeinschaft. Im Glauben kommt die Gemeinde zuerst, und unsere Identität ist als erstes eine gemeinsame. Die Gemeinde hört Gottes Wort und betet und singt gemeinsam. Und ganz besonders im Abendmahl feiern wir unsere Verbundenheit in Christus. Damit wir uns vielleicht ein bisschen vorstellen können, wie es ist, wenn die Gemeinschaft zuerst kommt, erzähle ich von Menschen an einem anderen Ort und zu anderer Zeit. Velma Wallis überliefert eine Geschichte, die sich in ihrem Volk, den Gwich'in, im 19. Jh zugetragen hat. Damals lebten die Gwich'in in Gruppen von mehreren Familien und ernährten sich hauptsächlich von Elchen und Karibus. Fast niemand lebte allein. Denn jenseits der Gruppe dehnten sich die einsamen Wälder Alaskas viele Monate im Jahr unter tiefem Schnee und klirrendem Frost. Hungerzeiten waren nichts Ungewöhnliches. Aber in einem Jahr geschah es, dass die Hungersnot anfing, Leben zu fordern in der Gruppe von Stern und Meise. Sa' und Ch'izigyaak waren die Ältesten, sie hatte schon 75 mal bzw. 80 mal den Frühling wieder kommen sehen. Sie brauchten ihre Zelte und Habseligkeiten nicht mehr selber von einem Lager zum anderen schleppen, das taten jüngere Frauen für sie. Sie hatten auch begonnen, an Stöcken zu gehen und über manche Leiden zu klagen. Aber sie gerbten den anderen die frischen Tierhäute und nähten auch immer wieder Kleidungsstücke aus Fell.
Doch dann kam der Sommer, in dem die Jäger zu selten auf Großwild stießen. Die Gruppe konnte sich vom Hunger im vergangenen Winter nicht erholen, noch viel weniger Vorräte trocknen für den kommenden. Der Schnee senkte sich wieder übers Land und die Kälte fiel ein. Die Jäger mochten

beraten und beobachten wie sie wollten, es fand sich kaum ein Elch im Revier. Und die kleineren Tiere verbargen sich vor der Kälte unter Schnee und Erde. Wo immer sich die Gruppe niederließ, waren die Kaninchen und Eichhörnchen in der Umgebung bald gejagt. Die Menschen wurden apathisch. Angst hielt die Familien umklammert, und manchmal flackerte verzweifelte Wut auf. Eine Frau, kleine Kinder erlagen schließlich Auszehrung und Kälte. Da traf der Häuptling die Entscheidung für die äußersten Notfälle. Er befahl, wieder aufzubrechen, die beiden alten Frauen aber zurückzulassen. Hier und da war Betroffenheit zu merken, aber Widerstand regte sich keiner. Sa′ hatte keine nahen Angehörigen mehr. Ch′izigyaaks Tochter fürchtete die geballte Wut der hungernden Menschen, wenn sie protestieren würde. Und sie beschwor auch ihren Sohn, nicht aufzubegehren, wenn ihm sein Leben lieb sei. Den beiden alten Frauen sollten ihre Zelte und alle Habseligkeiten immerhin verbleiben. Ohne Ch′izigyaak in die Augen zu sehen, schmuggelte ihre Tochter ihr noch ein Bündel ungegerbte Elchhaut zu, Material, das anstelle von Seilen, Stricken und Fäden für fast alles nötig war. Ihr Enkelsohn riskierte die eigene Ausgrenzung aus der Gruppe und ließ ihr heimlich sein Beil zurück. Dann zog die Gruppe fort, zu einem neuen Lagerplatz und in die bittersten Kältezeiten.

Sie schleppte sich durch den Winter. Als der Schnee taute, erwachten auch die Menschen aus ihrer Benommenheit. Und nun drückten nicht nur Hunger und die Angst vor dem nächsten Winter sie nieder, sondern auch noch das dumpfe Schuldgefühl gegenüber den beiden alten Frauen, die sie hilflos in der Schneewüste zurückgelassen hatten. Auch dieser nächste Sommer blieb glücklos. Der Umgangston in der Gruppe wurde herzlos, in ihrer äußeren Erscheinung begann sie zu verwahrlosen. Der Winter fiel ein. Da führte der Häuptling die Gruppe zurück an den Lagerplatz, an dem Sa′ und Ch′izigyaak gestorben sein mussten. Er wusste selbst nicht genau, wozu. Alle wurden zutiefst betreten am Ort ihres Verrats und fürchteten, er könnte ihnen noch mehr Unglück bringen.

Aber, so sehr sie sich auch umsahen und suchten und unter den Schnee gruben: sie fanden keinerlei Spuren von den beiden Frauen. Eine ganz leise Hoffnung keimte in ihnen auf. Und der Häuptling bestimmte einen alten, erfahrenen Fährtenleser und drei andere Männer, sich auf die Suche nach ihnen zu machen. Geleitet von abgeschälten Rindenbäumen und anderen Anzeichen und Überlegungen eilten die Männer vier Tage durch die Wälder bis zu einem Lagerplatz an einem fischreichen Bach, der aus nicht mehr erinnerlichen Gründen seit Jahrzehnten nicht aufgesucht worden war. Sie hatten so lange niemanden gefunden und die Wahrscheinlichkeit sprach auch so sehr dagegen, dass die jüngeren Männer umkehren wollten. Da stieg dem Fährtenleser ein feiner Hauch von Rauch in die Nase. Diesem Rauch und seiner Einfühlung in die beiden alten Frauen folgend, fand er sie schließlich in ihrem gut verborgenen Zelt. Der kleine Suchtrupp traf die beiden nicht nur am Leben, sondern in einem besseren Zustand als die restliche Gruppe. Sie hatten viel mehr Vorräte an getrocketem Fisch und Kaninchenfleisch, als sie für den Winter brauchen würden. Und sie hatten darüber hinaus ein kleines Lager an Pelzkleidungsstücken, das sie auch unmöglich allein benötigen würden. Sie willigten ein, der Gruppe über den Winter zu helfen, wenn sie sich in sicherer Entfernung lagerte und nur durch einzelne Leute Verbindung zu ihnen hielte.

Die Nachricht des Fährtenlesers weckte in der Gruppe zuerst ungläubiges Erstaunen. Dann aber hellten sich die Gesichter auf, wie schon seit Jahren nicht mehr. Als wäre Frühling vorzeitig ausgebrochen, richteten sich die Menschen auf, begannen sich anzusehen und zuzulächeln, beieinander anzupacken und so rasch wie möglich zu dem Lager am Fischbach zu wandern, von den nagendsten Schuldgefühlen befreit und beschwingt von der Hoffnung auf Rettung. Sie achteten die Grenzen, die die misstrauisch gewordenen Frauen gezogen hatten. Aber wer am meisten unter dem Hunger gelitten hatte, wurde durch ihren getrocketen Fisch gestärkt. Und wessen Handschuhe, Fellschuhe oder Mützen schon zerfielen, bekam Ersatz aus der Nähstube von Sa´ und Ch´izigyaak. So überstanden alle den Winter und kamen im Frühjahr wieder zu Kräften. Aber mindestens so wichtig wie die körperliche Stärkung war die Ermutigung zum Leben, die die beiden alten Frauen durch ihre bloße Existenz verschafften. Nach und nach durften alle sie einmal besuchen kommen, die kleinen Kinder überhaupt, wann sie wollten. Alle vergewisserten sich, dass Sa´ und Ch´izigyaak noch lebten und vor allem: dass sie bereit wurden, der Gruppe zu verzeihen. Und dann ihre Geschichte! wie sie es geschafft hatten, mit ihrer Erfahrung und festem Zusammenhalt und Willen zum Leben an diesen Platz und durch den Winter zu kommen. Diese Geschichte ist die andere Seite von Velma Wallis Erzählung, die ich jetzt nicht ausführen kann. Am Ende des Sommers brach ein an Leib uns Seele gestärktes Volk auf zu den Winterlagern, gemeinsam mit seinen zwei ältesten Mitgliedern.

Unsere Geschichte, liebe Gemeinde, beginnt mit dem Geschenk, beginnt mit dem Geist der Hoffnung, in dem Menschen sich aufrichten, Leben vor sich sehen, in dem eine die andere ansieht, einer dem anderen Lasten trägt, allen Gesetzen unserer Welt zum Trotz. Unsere Geschichte beginnt mit den Worten "Christus ist auferstanden! Er ist wahrhaftig auferstanden!" Jesus hat nicht nur auf wunderbare Weise überlebt, sondern dem Tod zum Trotz zu neuem Leben geführt. Das weckt unsere Hoffnung auf Zukunft. Mitten in dieser Welt hat Gott durch seine Auferweckung etwas Neues geschaffen: die Gemeinde Jesu Christi. Wir leben und sind gehalten durch den Geist des Auferstandenen, nicht sichtbar, und doch erfahren wir es in der Liebe zum Leben und in dem Mut zu Verwandlung und Versöhnung. Und so, durch uns wird Christus in dieser Welt gegenwärtig, durchaus sichtbar und durchaus wirksam. Paulus nennt uns den Leib Christi.

Als Gemeinde von sterblichen Menschen, die wir zugleich noch sind, verlieren wir immer wieder unsere Identität als Leib Christi, verlieren die Haltung, die Frieden und Heilung und Zukunft erwartet, verfallen der Logik dieser Welt. Deswegen sorgt Gott dafür, dass unsere Hoffnung immer wieder Grund bekommt. So beginnt unsere Geschichte außerdem mit den Gaben, die Seele und Leib stärken. Sie beginnt mit den Worten Jesu: "Mein Leib – mein Blut – für euch". Diese Worte sprechen uns los von der Todesangst und von lähmender Verfehlung. Jesus Christus hat sich selbst leibhaftig dem Tod ausgesetzt, damit wir leben. Und er teilt sich selbst aus als die Lebensmittel, die unsere Gemeinschaft gewiss machen im Glauben. Johannes stellt uns deswegen den Weinstock vor Augen, an dem die Reben gedeihen. Ohne den Stock vertrocknen sie. Aber wir leben, verwachsen mit dem wahren Weinstock Jesus Christus, wir haben schon Teil an dem unzerstörbaren Leben, weil es uns von Christus her zuwächst. Das feiern wir in jedem Gottesdienst, und besonders stellen wir es im Abendmahl dar. Weil wir in Christus verwurzelt sind und aus dem Geist Jesu Christi leben, deswegen kommt im Glauben die Gemeinde zuerst.

Ein andermal ist auch davon zu reden, dass die sichtbare Kirche es schwer macht zu glauben, dass sie aus dem wahren Weinstock lebt. Immer wieder gibt es deswegen menschliche Bestimmungen, wo Kirche nicht ist und wer nicht dazu gehört. Die Reformatoren haben stattdessen eine elementare Beschreibung gegeben: wo das Evangelium rein verkündet wird und Menschen kommen, es zu hören, wo Taufe und Abendmahl gemäß dem Evangelium gefeiert werden und Menschen kommen, die es feiern wollen, da ist Leib Christi.

Schließlich könnte man meinen, dass der Evangelist Johannes ganz die Welt um uns vergisst, wenn er in immer neuen Variationen die Gemeinde umkreist, immer wieder den Schöpfergott und Christus, seinen Sohn, und uns, Reben an seinem Stamm zusammenspricht. "Wenn ihr in mir bleibt, und meine Worte in euch bleiben, dann wird, was immer ihr bitten wollt, euch geschehen. [Denn] darin wird mein Vater verherrlicht, dass ihr viel Frucht tragt..." Ihr und ich und mein Vater. Aber in diesem letzten Satz wird doch deutlich, wo die Welt hinzukommt. Denn was sollte es zu bitten geben, wenn wir nicht Anteil nähmen: am Leiden der Christen, die verfolgt werden, an der Bitterkeit der Menschen in Kriegsgebieten, an der Mühe, die Menschen mit Behinderungen haben, an der Angst, in der Schwerkranke leben, und in vielen anderen Situationen. Was sollte die Gemeinde bitten, die nicht die eine oder andere Not gut kennte und sich abmühte, sie zu lindern. Dieses Tun ist für Johannes selbstverständlich. Er nennt es Frucht tragen und verliert sich nicht in Einzelheiten. Ihm geht es ganz und gar darum, wo unsere Kraft herkommt für all solche Früchte. Der Anfang und Ausgangspunkt für all unseren Einsatz ist die Verbundenheit in Christus mit Gott. "Bleibt in mir und ich in euch." In dieser Verbundenheit gründet unser Gebet: als Kraft, als Klärung, als Zielsetzung. Dann kommt das Handeln aus dem Gebet und findet Erfüllung, mitten in dieser Welt. Christus spricht: "Wer in mir bleibt und ich in ihm, bringt viel Frucht. Denn ohne mich vermögt ihr nichts zu tun."

Amen.

Johannes 8 4. So n.Tr. 1.7.2007

Abschiedsgottesdienst in Lukaskirche und St. Klara

Anne Tyler, St. Maybe

Liebe Gemeinde,

„einer trage des andern Last, so werdet ihr das Gesetz Christi erfüllen." Ein Wort für die Zeit der Gemeinde, für das Leben nach den großen Festen. Von Christus erlöst, mit dem Geist beschenkt, geben wir, die Gemeinde, Gott Raum in der Welt. Wir wollen in einem neuen Leben leben. Anders gesagt: das Leben heiligen. Können wir das? Heiligung? Brauchen wir das? „Saint Maybe", also: „Der heilige Vielleicht" oder: „Vielleicht heilig" heißt der Roman von Anne Tyler, den ich neben den Predigttext für diesen Sonntag stelle, um den Fragen nachzugehen.

Jan Bedloe ging, mit so wenig Aufwand wie möglich, das letzte Jahr zur high school. 13 Jahre älter war sein Bruder Danny, den er uneingeschränkt bewunderte, besonders seine Sportlichkeit, Fröhlichkeit und Hilfsbereitschaft. Beide wohnten noch im elterlichen Haus. Die ältere Schwester hatte eine eigene Familie. Eines Tages stand Danny strahlend im Hausflur und sagte: „Ich möchte euch die Frau vorstellen, die mein Leben verändert hat." Mit ihm kam Lucy, eine zierliche Person mit vollen schwarzen Haaren, rot gekleidet und aufrecht. Mit einer überraschend rauhen Stimme und langsamer Sprechart stand sie Danny zur Seite. Die rot geschminkten Lippen und hochhackigen Sandalen stachen ab von den Hausanzügen der Bedloes. Nicht nur Lucy ansich war eine Überraschung. Danny hatte sie kennen gelernt, als sie ein schweres Paket – an ihren Ex-Mann aufgab. Und dann war auch noch von Kindern die Rede. Aber Lucy hatte eine gewinnende Art und noch gewinnendere graue Augen und alles in allem konnte Jan seinen geliebten Bruder sehr gut verstehen. Spät abends auf dem Weg in sein Zimmer vertraute Danny ihm an, Lucy sei genau die Frau, auf die er immer vergebens gewartet habe. Keine drei Wochen nach ihrer ersten Begegnung feierten die beiden Hochzeit. Auf Dannys Seite die ganze Familie Bedloe + Nachbarschaft. Auf Lucys Seite zwei Kolleginnen aus dem Café, in dem sie bedient hatte. Verwandtschaft hatte sie keine, die Eltern früh gestorben, keine Geschwister. Lucys beide Kinder, Agatha und Thomas, wirkten scheu und unzugänglich. Danny zog mit seiner neuen Familie in ein eigenes Haus im benachbarten Stadtteil.

Lucy war alsbald schwanger. Gleichzeitig erwartete Jans und Dannys Schwester ihr sechstes Kind. Zwei hochschwangere Frauen saßen beim Weihnachtsessen der ganzen Familie. Zwei Monate früher als erwartet, kam Lucys Tochter Daphne zur Welt. Glücklich und stolz präsentierte Danny das Kind. „Sieht sie nicht schön aus?" Jans Schwester, die Augen hatte für Neugeborene, machte ihm wortlos deutlich, dass dies vollkommene Baby nicht wirklich frühgeboren war. Ansonsten war das in der Familie kein Thema, am wenigsten für Danny.

Lucy sehnte sich danach, wenigstens ein, zwei Mal die Woche ohne Kinder aus dem Haus zu kommen. Und die Kinder wünschten sich Jan als babysitter. In seiner kameradschaftlichen Art schlichtete er ihre Streitigkeiten, er konnte vorlesen, fantasievoll mit ihnen spielen und auch mit dem Säugling Daphne gut umgehen. Und er begegnete Lucy gern. Rätselhaft blieb ihm, was sie eigentlich tat an den Nachmittagen, die er ihr frei schaffte. Einmal kam sie ohne Taschen zurück in einem wunderschönen neuen Kleid. Sie bewegte sich unsicher und fragte Jan, ob es teuer aussehe. Es habe fast nichts gekostet, versicherte sie. Jan argwöhnte, dass Lucy die freie Zeit nutzte, um sich mit einem anderen Mann zu treffen. Er lehnte es ab, weiter zum Kinderhüten zu kommen. Lucy war darüber enttäuscht, ein schlechtes Gewissen konnte er ihr nicht anmerken.
Eines Wochenendes im Sommer sollte bei Jans Freundin sturmfreie Bude sein. Jan freute sich aufgeregt darauf, endlich eine Nacht mit seiner Freundin allein verbringen zu können. Als er nachhause kam, waren seine Eltern auf dem Sprung zu einer Einladung. Mutter Bedloe teilte ihm zwischen Tür und Angel mit, dass er zu seinem Bruder die Kinder hüten gehen müsse. Danny feierte mit einem Freund Abschied vom Junggesellenleben und Lucy hatte unverhofft die Möglichkeit, mit einer der ehemaligen Kolleginnen aus dem Café auszugehen. Jan glaubte seinen Ohren nicht zu trauen, aber es gab nichts mehr zu verhandeln. Extrem schlecht gelaunt, machte er sich auf den Weg zu Nichten und Neffe. Glücklich über einen freien Abend, empfing Lucy ihn schon ausgehfertig. Sie versprach, um halb neun zurück zu sein. Zähe Stunden mit den Kindern zogen sich hin. Lucy tauchte nicht auf wie versprochen. Als endlich die Haustür ging, war es Danny.
Sein Bruder war mächtig angetrunken. Trotzdem drängte Jan ihn, dass er ihn erst nachhause und dann zu seiner Freundin führe. Auf der kurzen Autofahrt informierte er Danny, dass Lucy mit einer Freundin ausgegangen sei – angeblich. Und dann nutzte er die Gelegenheit, ihm endlich die Augen zu öffnen, über Lucys undurchsichtige Ausflüge, über das frühgeborene Kind, das kein Frühchen war, über das teure Kleid und woher sie es eigentlich haben sollte. Jan stürmte ins Haus. Draußen hört er plötzlich den Motor des Autos aufheulen, den Wagen abdrehen und in voller Fahrt davonbrausen. An der Einbiegung hätte es nach Verlangsamen klingen müssen. Stattdessen hörte Jan Krachen und Klirren – des Autos an der gegenüberliegenden Mauer.
Außer Jan hielten alle es für einen Unfall. Zu Dannys Beerdigung kam auch Lucys Freundin aus dem Café. Am Samstag Abend waren sie miteinander ausgefahren und ihr Auto war liegen geblieben. Jan wusste nicht wo er bleiben sollte mit seinen Gewissensbissen. Manchmal sehnte er sich nach Bestrafung. Danny begann durch seine Träume zu geistern. Derweilen nahm Lucy Tabletten, um ihre verzweifelte Situation zu verschlafen. Die Kinder blieben sich selbst überlassen. Jan zog in eine andere Stadt und begann mit dem College, unkonzentriert und abwesend. Vor Thanksgiving rief seine Mutter an: Lucy, gestorben an einer Überdosis Tabletten. Jan wünschte, es wäre alles

nicht wahr, er könnte alles rückgängig machen, er hätte eine weitere Chance. Zu Lucys Beerdigung kam auch die Nachbarin, die ähnlich wie Jan die Kinder nicht mehr hatte hüten wollen. Sie erzählte ihm, sie habe Lucy nämlich zufällig in einem Laden gesehen, wie sie mit größter Selbstverständlichkeit klaute, Kleider vor allem. Das also waren Lucys Ausflüge, daher das schöne Kleid. Kein Liebhaber. Jan blieb den ganzen Tag benommen.

An Weihnachten zeigte sich, dass die alleinerziehenden Großeltern mit den Kindern überfordert waren. Das Haus verwahrlost, das Fest nicht vorbereitet. Mutter Bedloe litt unter ihrer Arthrose, Vater Bedloe hatte zwei linke Hände. Jan wusch und putzte, kochte und schmückte. Er war der einzige, der mit den Kindern zurecht kam – und dem sie vertrauten. Verwandte von Lucy ließen sich nicht finden, nicht einmal der Vater der beiden älteren Kinder. Eines Abends kam Jan in einer Seitenstraße an einem erleuchteten Schaufenster vorbei; es trug die Aufschrift „Kirche der zweiten Chance“. Die nächste Ampel stand auf rot. Und plötzlich kehrte er um und stieg die paar Stufen in das ehemalige Ladenlokal hinunter. Neonlampen, Klappstühle und ein Rest von chemischer Reinigung in der Luft. Die Gemeinde von ca.15 Menschen mit einem hemdsärmeligen Pastor hielt Gebetsstunde. Jeder konnte eine schuldhafte Situation erzählen, für die er um die schweigende Fürbitte der anderen bat. Der Abend verlief so, dass schließlich auch Jan sagte: „Betet für mich, dass mir vergeben wird.“ Freundliche Begrüßung des Neulings nach dem Gottesdienst. Nachgespräch mit dem Pastor. Der fragt ihn: „Was war es, wofür du Vergebung suchst?“ Jan überrascht, zögernd, bekennt ihm, wie er das Leben seines Bruders und dessen Frau auf dem Gewissen habe. Und – da der Pastor schweigend zuhört – dass nun wohl die Großeltern die Kinder aufziehen müssen. Nach dem Gebet geht es ihm aber schon besser. „Meinen Sie nicht? Glauben Sie nicht, dass mir vergeben ist?“ Antwortet der Pastor: „Liebe Güte, nein!“

Liebe Gemeinde,

wegen ein paar hingeworfener Worte sind zwei geliebte Menschen zerstört, eine ganze Familie zerrüttet. Die Schuld nagt an Jans Lebenskraft – und wo ist Vergebung? Ist es etwa nicht so, dass Gott vergibt? Der Predigttext für diesen Sonntag legt eine andere Antwort nahe. Ich lese

Johannes 8,1-11

Losgesprochen, aufgerichtet, frei zu gehen. Die Frau hat eine zweite Chance zu leben. Es fällt mir allerdings schwer, das nachzuempfinden. Von vorher erfahren wir ja nichts. Zerstörtes Leben, zerrüttete Gemeinschaft? Hier wird eine vom Lager gezerrt, in alle Öffentlichkeit, zur Steinigung, nur die Frau, anders als Mose gebietet. Eine drastische Geschichte. Es geht gar nicht um die Frau, es geht nur um den Fall. Warum steht das im Johannes-Evangelium? In den alten Handschriften kommt die Erzählung übrigens nicht vor, erst im 5. Jh. n. C. findet sie allmählich ihren Platz bei Johannes. Nun erzählt er auch sonst lange Geschichten von Frauen. Und Johannes hat es mit der

Liebe, „Gott ist die Liebe“ und „So sehr hat Gott die Welt geliebt…“ und „Liebt einander, wie ich euch geliebt habe“. Was dagegen fehlt, sind begreifliche Verhaltensregeln, etwas Konkretes zum Mitnehmen. Also, Johannes, mal Fleisch an die Knochen, die Füße auf die Erde. Wir können ja bei deinem Lieblingsthema bleiben. „Lasst uns nicht lieben mit Worten, sondern mit der Tat.“ So kommt jemand in die Gemeinde des Johannes, um sie zu versuchen. Nimmt sie beim Wort, um sie zu verklagen. Wie ist das nun mit Gottes Liebe, wenn jemand gegen Gottes Willen handelt? Eine geläufige Erklärung heißt: Jesus verurteilt die Sünde, nicht die Sünderin. „Ich verdamme dich auch nicht.Geh hin und sündige nicht mehr!“ Die Frau ist frei zu leben.

„Meinen Sie nicht, dass mir vergeben ist?“ fragte Jan. – „Liebe Güte, nein!“ – „Mir ist nicht vergeben!“ – „Oh nein!“ – „Aber, ich dachte, das wäre der Punkt, ich dachte, Gott vergibt alles!“ – „Das tut er, aber du musst eine Entschädigung anbieten, eine praktische Wiedergutmachung – gemäß den Regeln unserer Kirche.“ – „Und wenn man nichts wieder gut machen kann?“ – „Ja, da kommt natürlich Jesus ins Spiel. Er hilft mit dem, was du nicht gut machen kannst, aber du musst es selbst versuchen.“ – „Und – das wäre?“ – „Nun, nach den Kindern schauen.“ – „Aha, und wie genau?“ – „Was denn? Sie großziehen, denke ich.“ – „Wie! Ich gehe das erste Jahr aufs College!“ – „Dann solltest du vielleicht abbrechen.“ Jan fand das verrückt. „Was für eine hirnrissige Religion ist das?“ – „Es ist die Religion der Buße und der vollkommenen Vergebung. Die Religion der zweiten Chance.“ Und der Pastor berief sich dabei auf Johannes (1.Joh 3,18): „Lasst uns nicht lieben mit Worten noch mit der Zunge, sondern in Tat und Wahrheit.“

Jan kehrte nicht aufs College zurück. Er machte sich zum Lehrling eines Möbelschreiners. Erklärte seinen Eltern diese Entscheidung, und musste dazu – in zwei Sätzen – bekennen, was sein Anteil war an Dannys Tod. Sie fanden keine Worte darauf. In jener Nacht träumte er, er sei wieder bei seinem Ferienjob in einem Umzugsunternehmen und musste eine tonnenschwere Kiste schleppen. „Komm hier, ich helf dir tragen,“ sagte Danny zu ihm. Es war das letzte Mal, dass er in Jans Träumen auftrat.

Wie sich Schuld in die Seele des Schuldigen eingräbt, ergründet Anne Tyler. Wie sie sich danach sehnt, wieder rein zu werden. Und wie viele Schritte das braucht. „So verdamme ich dich auch nicht. Geh hin und sündige nicht mehr.“ Ob die Worte Jesu der Frau helfen? Aber im Johannes-Evangelium geht es ja nicht um die Frau. Es geht um den Fall. Ehebruch. Es geht auch nicht um diesen Ehebruch, das Paar, den Liebhaber. Es geht nur um das Motiv. Es geht um Gott und sein Volk. Der Bräutigam und seine treulose Braut. Die Propheten Hosea und Jeremia beklagen den treulosen Abfall Israels zu anderen Religionen. Wie Ehebruch ist das. Erst verkünden sie die Strafe durch den eifersüchtigen Gott. Später verheißen sie eine neue Liebe, einen unverbrüchlichen Bund der Herzen zwischen Gott und seinem Volk. Schon Hosea und Jeremia erwarten einen Neuanfang, geboren allein aus Gottes unerschütterlicher Liebe. In Christus kommt Gottes Weg mit seinem Volk zum Ziel. Die Strafe hat zu nichts geführt. Aus Liebe sind wir frei zu leben und die Gemeinschaft mit ihm neu zu erfahren.

Jan allerdings arbeitete für seine Wiedergutmachung. Sonntags Gottesdienst, mittwochs Gebetsabend. Über dem Verbot von außerehelichem Geschlechtsverkehr verlor er schließlich seine Freundin. Die Kinder hier- und dahin fahren. Sie waren eine Last, aber sie waren auch sein Lebensinhalt, seine Liebe, sein Freude. Jan wurde ein guter Möbelschreiner. Die Kinder wurden groß. Eines Tages kam ein Lehrlingsmädchen in den Betrieb, die Jan aus sich heraus zu locken versuchte. Jan schob die Kinder vor. „Haben die denn nicht mal die Großeltern? Oder Tanten? Oder Babysitter? Himmel, selbst Sklaven kriegen mal einen Sonntag frei!" Eigentlich brauchten ihn die Kinder so dringend nicht mehr. Jan blieb für sich, aber er fragte sich bitter: Was ist aus mir geworden? Was ist mein Leben? Ich büße und büße und fühle nichts von Vergebung. Jan wurde verschlossen in der Gemeinde. Eines Tages sprach der Pastor ihn an und Jan fragte, ob es so etwas wie den Teufel tatsächlich gebe? Jemand, der Menschen zum Bösen versucht. „Wozu bist du versucht, Bruder Jan?" – „Ich verschwende mein Leben." – „Wie bitte?" – „Ich habe dies eine Leben und nutze es nicht." – „Na, aber natürlich nutzest du es." – „Wirklich?" – „Dies ist dein Leben. Stemm dich rein, Jan. Das ist das Leben, das du hast." Jan hatte sich indirekt auf das Lehrlingsmädchen bezogen. Aber als er wieder daran dachte, erschien ihm nicht ihr Gesicht, sondern Lucys. Ein Teufel. Jemand, auf den man die Schuld schieben kann. – Er begann noch einmal mit der Suche nach dem Vater von Agatha und Thomas. Entdeckte Lucys Schatzkästchen, das die kleine Agatha einst eifersüchtig verborgen hatte. Auf der Trauurkunde stand der völlig unbekannte Nachname von Lucys erstem Mann. Deswegen hatten sie ihn früher nicht gefunden. Jan fand heraus, dass er Jahre zuvor mit dem Motorrad verunglückt war. Ihre einstige Schwiegermutter wusste über Lucy nur Schlechtes zu sagen. Und irgendwie tat ihm das gut. Der Pastor sprach ihn wieder an: „Manche Leute behalten ihre Probleme lieber für sich." – „Ist das mein Leben?" knirschte Jan. „Ich hab mich reinzustemmen in die Last dieser Kinder für immer." – „Nein, nein. Die Kinder sind im Nu erwachsen. Das ist nicht die Last, die ich meinte." – „Okay. Und wie lange dauert es noch, bis mir vergeben ist?" – „Nein, nein. Die Last ist, dass du vergeben musst." – „Ich? Wem denn?" – „Deinem Bruder und seiner Frau natürlich." Jan merkte, dass diese Wendung ihn ganz neu auf seinen Weg setzte.

Schritt für Schritt geht Jan den Weg der Wiedergutmachung, der Heiligung seines Lebens. Ein Weg, von dem in Johannes 8 nicht die Rede ist. Bleibt Johannes die Konkretion wieder schuldig? Er erzählt, dass Jesus die Verheißungen der Propheten erfüllt. Wie geht das zu? Die frommen Gesetzeshüter vereinzeln die Frau und stellen sie bloß, mitten unter den Leuten. Eigentlich wollen sie Jesus bloß stellen. Und im Grunde geht es um Gott. Vergibt er den treulosen Abfall oder erwartet er die Erfüllung des Gesetzes? Jesus stellt die Frau seinerseits mitten unter die Frommen. Ihr miteinander, wer ohne Sünde ist, werfe den ersten Stein. Schuld ist Schuld und keine ist zu groß. Da gehen sie alle, nach und nach, als letzte die Frau. In ihren Sünden und frei zugleich. Eigentlich geht es um Gott und sein Volk. Gott lässt den Treuebruch seines Volkes ungestraft. Wie kann Johannes das glauben? Ich meine, es liegt daran, dass er den Götzen Sexualität fallen lässt. Für die Propheten im alten Israel, vor allem Hosea, war die Verehrung der Heidengötter eins mit der Heiligschätzung der Sexualität. Götzendienst verengte sich auf Fruchtbarkeitskulte. Wer dagegen zum Gott Israels gehörte, hielt sich fern. Aber in dieser Antihaltung blieb die heidnische Vergötzung der Sexualität bestehen. Hosea überhöhte sie selbst in den Ehebund Gottes mit seinem Volk. Im griechischen Dualismus verschärfte sich der Gegensatz zwischen Sexualität und Glauben. Die einen suchen in ihr das Heil, die andern verteufeln sie. Bis heute bleiben wir verstrickt ins Heidentum, all die Kirchen, die sich damit profilieren, dass sie sich gegen Homosexualität wenden, gegen Verheiratete oder gar Frauen im Amt, und die Ehe heilig nennen. Jesus lässt sich in dem Netz nicht fangen. Die Frau mit ihrem Ehebruch reiht er ein mitten unter die unbescholtenen Männer. Er holt die Sexualität aus ihrem Götzenhimmel auf die Erde. Sie gehört zu Gottes Geschöpfen wie die beredte Zunge und die geschickte Hand. Vor Gott ist keins heiliger als das andere. Menschen schaffen damit Gutes und richten Unheil an. Für die Gotteslehre taugt dann die Ehe, die nicht mehr heilig ist, so gut und so mäßig wie andere Bilder. Heilig ist Gott allein. Jesus Christus erfüllt das Gesetz, weil er Gott allein heilig sein lässt und uns befreit aus den Stricken des Heidentums, das Heiliges überall auf der Erde festmachen will. Weil Gottes Bund kein Ehebund ist, kann er nicht durch Gebote und Strafen geschützt werden. Und weil der Ehebund nichts Göttliches ist, kann niemand die Frau ums Leben bringen.

Und doch ist da Jan mit der Last seiner Schuld, mit seinem langen Weg zur Vergebung. Die halberwachsenen Kinder versuchten einmal, eine Frau für ihn zu finden; die Einladung wurde eine Katastrophe. Agatha und Thomas wuchsen aus dem Haus, die Eltern Bedloe wurden hinfällig. Mit Mühe zügelte Jan Daphne in ihrem ausschweifenden teenage-Leben. Eines Tages starb Mutter Bedloe und ließ eine große Leere zurück. Agatha, inzwischen Ärztin und verheiratet, war erschüttert, wie ungepflegt Jan und das ganze Haus wirkten. Zunächst fing sie selber an auszuräumen, was seit Jans Jugendtagen jeden Winkel füllte. Dann ließ sie jemand kommen, der das professionell erledigen konnte. Rita machte klar Schiff. Kinderkleider, uralte Bettwäsche, angeschlagenes Geschirr, Alben mit total verschossenen Fotos, persönliche Erinnerungsstücke – alles räumte sie auf drei Stapel: zum Wegwerfen, zum Aufheben und zur Entscheidung zwischendrin. Während sie auch Jans übersichtliches, bescheidenes und treulich bewahrtes Hab und Gut durchging, verliebte sie sich in ihn. Rita entrümpelte das Haus – und Jan merkte, dass die Zeit seiner Wiedergutmachung erfüllt war. Er konnte wieder lieben. Unbemerkt von den Kindern, die sich die größten Sorgen um ihren vereinsamenden Onkel machten, verband er sich mit Rita. Wieder eine hochschwangere Frau beim Weihnachtsfest. Die Gefahr einer tatsächlichen Frühgeburt. Und plötzlich erinnerte sich Jan an Lucy und sah die Welt durch ihre Augen, mit den zwei kleinen Kindern, geschieden und schwanger. Und dann hielt er zum ersten Mal seinen Sohn in den Händen, sah Danny wieder vor sich, wie er glücklich sein Kind, Daphne, präsentierte, und dann im nächsten Moment, wie er strahlend im Flur stand und Lucy vorstellte. Die Frau, die dein Leben verändert hat. Ja liebe Güte, Menschen verändern das Leben anderer, jeden Tag.

Jan ist einen Weg gegangen, den seine Seele brauchte, einen Weg der Buße, der Heiligung seines Lebens. Ein Weg, der ihn dahin führte, dass er wieder lieben konnte, mit Leib und Seele. Weiß denn Johannes nichts von solchen Seelenwegen, dass Menschen Heiligung ersehnen? Ich meine, er begleitet solche Wege, nicht als Psychologe, sondern als Theologe. Als Wanderzeichen dient, dass allein Gott heilig ist. Der Weg zu Vergebung und Frieden ist zugleich ein Weg, die falschen Heiligtümer aufzugeben. Jan hat die Vorstellungen von gut Sein, erfolgreicher Arbeit, sinnvollem Leben, Frau seines Lebens aus ihrem Götzenhimmel fallen lassen. Er hat immer mehr Gott heilig sein lassen können. Der heilige und liebevolle Gott teilt sich selbst aus an die Menschen. Davon hatte jedes Leben seine Heiligkeit, Dannys und Lucys, Daphnes und Jans. Und so hat Jan schließlich wieder aus der Liebe gelebt. Vielleicht heilig. Schuldig zwar aber geheiligt zugleich. Amen.

Sirach 4, 11-18 16.10.2007

Gottesdienst zur Semestereröffnung und Investitur

Brüder Grimm, Kinder- und Hausmärchen, Der goldene Vogel

[Textlesung gemeinsam anstelle des Psalms]

Liebe Studierende und Lehrende,

liebe Gemeinde,

zu Beginn des neuen Studienjahres feiern wir, und wir feiern Gottesdienst. Wir vergewissern uns, dass die kommenden Monate in einem großen Zusammenhang stehen, dass wir in einer Gemeinschaft und mit einem Bezug zum Ganzen dieser Welt handeln. Das klingt vielleicht schwärmerisch, besonders wenn wir uns anschauen, wie viele Tage wir schlicht das fachliche Handwerkszeug gebrauchen oder es Schritt für Schritt und manchmal mühsam erlernen. Und doch möchten wir gern, dass der große Zusammenhang wahr ist. Deswegen haben wir uns hier versammelt, nicht nur in einer Kirche, sondern in diesem Chorraum. Er ist ein Ort, der Vertrauen in die umfassende Weisheit ausdrückt. Das Chorgestühl aus der Zeit des Humanismus verbindet jüdische und christliche und antike Weise, Propheten und Sibyllen, Dichter und Wissenschaftler, Frauen und Männer. Jörg Syrlin und seine Zeitgenossen vertrauten darauf, dass alles drei zusammen gehört: Die Freude an der Welterforschung und Welterkenntnis, die Sehnsucht nach Gottesschau und göttlicher Lebenskraft und die Liebe zu den Mitmenschen und der Umwelt, in der wir rechtschaffen handeln.

„Die Weisheit erhebt ihre Töchter und Söhne. Die sie lieben, lieben das Leben. Die ihr dienen, dienen im Heiligtum."

So besingt Jesus Sirach die umfassende Weisheit, ein jüdischer Lehrer aus der Zeit des griechischen Weltreichs. Welterkenntnis, Gottesschau und Lebensführung bestärken, korrigieren und entwickeln sich gegenseitig. Das ist es letztlich, wozu wir leben möchten, womit wir unsere Zeit ausfüllen wollen, wofür auch dies neue Studienjahr gut sein soll.

Ich weiß natürlich, dass die Einheit der Weisheit für uns heute nicht selbstverständlich gegeben ist, weder wie in der Antike noch wie im Humanismus. Viel von unserem Leben wie die Könige hängt daran, dass wir uns auf Welterforschung und Weltbeherrschung konzentrieren. Sehnsucht nach der umfassenden Weisheit macht alles Arbeiten komplizierter, langsamer oder gar unmöglich. Ich behaupte aber, dass die Sehnsucht danach zu uns Menschen gehört, dass sie auch Erfüllung sucht und dass es um der Menschlichkeit willen wichtig ist, sie nicht zu verlieren. Ich möchte die jüdische Dichtung mit einem deutschen Märchen auslegen. Das Märchen erzählt, wie ein Mensch die umfassende Weisheit erwirbt. In seiner Erzählung hat alles Irdische und Vergängliche eine goldene Seite, sie verbindet mit der Ewigkeit. Das Märchen heißt „Der goldene Vogel".

Die Erzählung beginnt, wie eine Geschichte von Weisheit und Erkenntnis beginnen muss: in einem Paradies. Ein König hatte bei seinem Schloss einen Lustgarten. Zu dem Garten gehören auch die besonderen Früchte. Golden sind die Äpfel, die Ahnung von einem Darüberhinaus, die Lust am Erkennen. Der König wollte, dass sie da blieben, Fürchte, ungenossen, ein Schatz, wie vergraben. Aber sie wurden gestohlen. Nacht für Nacht verschwand eine Frucht. Der älteste Königssohn und der zweite schliefen über ihrer Wache ein, aber der Jüngste erreichte die Mitte der Nacht, mit wachen Sinnen, mit regen Empfindungen – und sah einen goldenen Vogel. Er nahm die Verbindung auf, über den Garten hinaus in die Welt, und die Seele hat in den Garten gefunden. Der Königssohn konnte den Vogel nicht tödlich treffen, aber eine goldene Feder blieb ihm, als wieder ein Apfel vom Baum verschwand.

Als der König nun von dem goldenen Vogel wusste, musste er ihn in seinen Besitz bringen. Der älteste Sohn zog aus, um ihn zu suchen. Einen Fuchs wollte er erschießen, der bat ihn um sein Leben und wollte mit einem Rat bezahlen. Wenn er weiterginge, käme er zur Nacht in ein Dorf mit zwei Wirtshäusern, das eine hell, belebt und lustig, das andere dunkel und still. In das müsse er aber einkehren auf seiner Suche nach dem goldenen Vogel. Ein vernünftiger Rat von einem albernen Tier? – das konnte der älteste Königssohn sich nicht vorstellen. Er schoss den Fuchs, verfehlte ihn zwar, kümmerte sich aber auch nicht um seinen Rat. Als er die Wirtshäuser erreichte, kehrte er in das hell erleuchtete ein, blieb dort und beendete die Suche. Als der zweite Königssohn sich aufmachte, entschied er gerade so, wie der erste.

Auch dem Jüngsten begegnete der Fuchs, eine Stimme von außen, fremd für die Ratio. Aber er schoss den Fuchs nicht ab, sondern ritt statt dessen auf seinem Schwanz wie im Fluge. Und ohne sich um das helle Wirtshaus zu kümmern, folgte er seinem Rat und schlief in dem stillen.

> Die Weisheit erhebt ihre Töchter und Söhne
> und nimmt alle auf, die sie begehren.
>
> Alle, die sie lieben, lieben das Leben,
> die frühmorgens zu ihr kommen,
> werden voll Heiterkeit sein.

Frühmorgens brach er auf, das Wirtshaus war ja zum Rasten, nicht zum Bleiben gedacht. Und wieder leitete ihn der Fuchs, seine Intuition und innere Wegleitung. Manche würden sie für die Weisheit halten, im Märchen ist es nicht so. „In einem Schloss, von Wächtern bewacht“, sagte der Fuchs, „wirst du den goldenen Vogel finden. Es werden alle schlafen, ungehindert kannst du den Vogel entführen, nur lass ihn im hölzernen Käfig und setze ihn nicht in den goldenen, der auch noch dort steht.“ Der Fuchs trug ihn zu seinem Ziel und der Junge fand alles wie vorhergesagt. Er konnte nur nicht anders, er musste zusammen bringen, was zusammen gehörte, und setzte den goldenen Vogel in den goldenen Käfig. Ordnende, verbindende Vernunft, manche würden sie für die Weisheit halten. Im Märchen ist es nicht so. Der Vogel begann durchdringend zu schreien und weckte alle Wachen, und der Königssohn wurde gefangen gesetzt.

Es gibt mehr von der goldenen Welt, als den goldenen Vogel. Nicht nur die suchende Empfindsamkeit der Menschen hat eine goldenen Seite und Verbindung zur ewigen Welt. Aber mit dem goldenen Vogelbauer hat der Junge etwas vorweggenommen, was auf der irdischen Seite noch nicht wirklich geworden ist. So geschieht das Forschen und Fortschreiten in der Weisheit: da ist die Idee – von einer Gesetzmäßigkeit, von einer schöneren Symmetrie, von einem genaueren Verständnis – aber sie muss erst noch formuliert, geprüft, in Gebrauch genommen werden.

Jedenfalls, der Königssohn wurde auf Bewährung frei gelassen. Die Bewährung bestand darin, dass er das goldene Pferd suchen und dem König des goldenen Vogels bringen sollte. Wieder riet ihm der Fuchs, wieder fand er das goldene Pferd, wieder trug es einen Sattel von Holz und Leder, während ein goldener Sattel im Stall bleiben sollte. Wieder brachte der Königssohn zusammen, was zusammen gehört – und wurde gefangen gesetzt. Wille und Begehren und Zielstrebigkeit sind wohl da und ihre goldene Seite, aber das rechte Zaumzeug dazu hat der Junge noch nicht.

Noch eine Bewährung: er sollte die Königstochter aus dem goldenen Schloss beibringen. Der Fuchs wurde die Sache schon etwas müde, riet ihm aber noch einmal, er werde die Königstochter bei Nacht ins Badhaus gehen sehen, da solle er sie küssen und entführen und ihr keinesfalls erlauben, dass sie sich von den Eltern verabschiedet. Der Junge fand alles, wie der Fuchs gesagt hatte und wollte diesmal auch nichts gegen seinen Rat tun. Aber wie die Königstocher so herzerweichend flehte, gab er schließlich nach.

Wieder Gefangenschaft, wieder Bewährung. Nichts Goldenes diesmal. Einen Berg sollte der junge Mann versetzen, dem König einen Ausblick verschaffen, sieben Tage hatte er dazu Zeit. In sieben pausenlosen Tagen erreichte er fast nichts und brach verzweifelt zusammen. Da kam doch, wenn auch mürrisch, tatsächlich wieder der Fuchs, der schickte ihn schlafen, er werde das regeln.

Die Weisheit spricht:

> Unerkannt gehe ich zuerst mit ihnen
> und erforsche sie durch meine Erziehung.
>
> Furcht und Mutlosigkeit bringe ich über sie,
> bis ich ihren Herzen mich anvertraue.

Im Raum der Weisheit machen alle ähnliche Wege und ähnliche Erfahrungen, Welterforscher und Gottessucher, die die goldene Seite von Wirklichkeit und Wahrheit in dies Leben bringen wollen. Der Königssohn hat alles gefunden. Und nun: kann er auch alles für sich gewinnen? Alles oder Nichts ist, was er vor sich sieht. Und die Aufgabe: vertrauen, dass sein Leben gelingen darf. Das sagt ihm die Ratio nicht. Das kommt wieder von der fuchsischen Stimme.

Am nächsten Morgen war der Berg verschwunden und nicht nur für den König, sondern vor allem für den Entführer seiner Tochter und die Prinzessin selbst eine neue Aussicht geschaffen.

Dann werde ich mich offen zu ihnen kehren,
sie mit Freude erfüllen
und meine Geheimnisse offenbaren.

Unerheblich die Hindernisse beim Einsammeln von goldenem Pferd und goldenem Vogel, immer geleitet durch den treuen Fuchs. Der junge Mann hatte alles gewonnen. Heimwärts zog er auf dem goldenen goldbesattelten Pferd mit dem goldenen goldgefangenen Vogel und der Prinzessin aus dem goldenen Schloss.

Die sie ergreifen, werden Ansehen erben,
wo sie hinkommen, wird Gott sie segnen.

Die ihr dienen, dienen im Heiligtum,
und die sie lieben, liebt Gott wieder.

Die Prinzessin, Integration von animus und anima, würden manche für die Weisheit halten. Im Märchen ist es nicht so. Der Jüngste muss das alles noch heimbringen, verbinden mit seiner Herkunft, bewähren in der Konfrontation mit denen, die glaubten, sie könnten ohne die goldene Seite leben, statt dessen selbst eine Lebenshaltung und Lebensführung zeigen, die der goldenen Seite im alltäglichen Leben entspricht.

Der Fuchs verlangte einen Dank vom Königssohn. Er wollte, dass er ihn tötete und Kopf und Pfoten abschlüge. Aber der junge Mann konnte sich darunter keinen Dank vorstellen und entließ ihn. Für den Heimweg nahm er einen letzten Rat mit: „Kauf kein Galgenfleisch und setz dich an keinen Brunnen."

Auch diese letzte Wendung auf dem kreisenden Weg des jungen Mannes geht, wie die übrigen. Seine beiden Brüder waren's, die an den Galgen kommen sollten, weil sie ihren eigenen Vorrat erschöpft hatten und aus dem Lebensunterhalt anderer gezehrt. Er kaufte sie frei. Und auf dem letzten Stück Heimweg machten sie alle miteinander Rast an einem Brunnen. Da setzte er sich im Erzählen auf den Rand, und die Brüder stießen ihn hinein und raubten ihm alles, was er gewonnen hatte. Sie brachten den goldenen Vogel und alles darüber hinaus in des Vaters Schloss; allerdings: der Vogel sang nicht, das Pferd fraß nicht und die Königstochter weinte.

Es war kein Wasser im Brunnen, aber er war tief. Da half ihm noch einmal der Fuchs. In Bettlerskleidern dann schlich er sich in seines Vaters Schloss. Die Demütigung zum Bettler und Knecht – manche würden das für die Weisheit halten. Im Märchen ist es nicht so. Aber auch dies gehört zur umfassenden Weisheit, dass sie Konsequenzen hat für die Basics. Dass einer Ernst macht mit der Sehnsucht nach Gerechtigkeit und Frieden, wirklich die Luft nicht verpestet und das Öl nicht verschwendet, dass wirklich Shirts und Schuhe nicht mit blutigem Schweiß genäht und die

Blumen nicht durch Gift mumifiziert wurden. Wie lebst du"s, dass Empfindsamkeit und Wille und geliebte Person eine Seite in der Ewigkeit haben?

Schon durch seine unerkannte Gegenwart im Schloss ging es dem Vogel, dem Pferd, der Prinzessin besser. Und als diese, allen Bedrohungen zum Trotz, die Brüder verraten hatte, ließ der König alle Leute aus dem Schloss versammeln. Die Königstochter aus dem goldenen Schloss ließ sich von der Bettlererscheinung nicht täuschen und erkannte und wählte den jüngsten Prinzen. Die Brüder wurden aus seinem Leben verbannt, jetzt konnte wirklich Hochzeit sein.

> Die auf mich hören, werden wahrhaftig urteilen,
> und die mir lauschen,
> in meiner Brautkammer wohnen.
>
> Die sich mir anvertrauen, werden mich erben
> und ihre Nachkommen mich besitzen.

Und dann, als Nachspiel – oder als Höhepunkt? – wird auch der Fuchs erlöst, braucht ihn der Königssohn nicht mehr als fremde Stimme, wagt er, ihn umzubringen – und sieht ihn wieder erstehen als Menschen, als Bruder der Königstochter.

Vielfältig ist im Märchen, was sich zusammenfügt als umfassende Weisheit. In der Dichtung Sirachs spielt die eine Weisheit die verschiedensten Rollen. Einen typischen Weg schreitet der typische Mensch im Märchen fort, in Windungen zwar, doch voran. Die Dichtung malt hin und her eine Erfahrung neben die andere und weiß, dass es manchmal keinen fortschreitenden Weg gibt.

Ich wünsche euch und Ihnen, dass Sie dabei bleiben, den goldenen Vogel zu suchen und heimzubringen. „Die Weisheit nimmt alle auf, die sie begehren."　　　　Amen.

Printed by Books on Demand GmbH, Norderstedt / Germany